Américo Vespúcio

Stefan Zweig

TRADUÇÃO E ORGANIZAÇÃO
José Américo Câmera

Américo Vespúcio

A história de um erro histórico

APRESENTAÇÕES
Henrique Veltman
Priscila Siqueira

ILUSTRAÇÕES
Carla Terra

EDITORA
Labrador

Traduzido de *Américo Vespucio:* La historia de un error histórico.
Madri: Capitán Swing, 2010.

Coordenação editorial
Erika Nakahata

Projeto gráfico, diagramação e capa
Felipe Rosa

Preparação de texto
Leonardo Dantas do Carmo

Revisão
Daniela Georgeto

Imagem de capa
Jan Collaert II: Amerigo Vespucci discovering the southern cross with an Astrolabium. Museum Plantin-Moretus

Imagens do miolo
Ilustrações: Carla Terra
Fotografias da Casa Stefan Zweig:
José Américo Câmera
Demais imagens: reprodução

Dados Internacionais de Catalogação na Publicação (CIP)
Angélica Ilacqua – CRB-8/7057

Zweig, Stefan, 1881-1942
Américo Vespúcio : a história de um erro histórico / Stefan Zweig ; tradução e organização de José Américo Câmera ; apresentações de Henrique Veltman, Priscila Siqueira ; [ilustrações de Carla Terra]. – São Paulo : Labrador, 2019.
176 p. : il.

ISBN: 978-65-5044-036-7

Título original: Américo Vespucio: La historia de un error histórico

1. América – História 2. Vespucci, Americo, 1451-1512 3. América – Nome I. Título II. Câmera, José Américo III. Veltman, Henrique IV. Siqueira, Priscila V. Terra, Carla

19-2555 CDD 980

Índice para catálogo sistemático:
1. América – História

EDITORA
Labrador

Editora Labrador
Diretor editorial: Daniel Pinsky
Rua Dr. José Elias, 520 – Alto da Lapa
05083-030 – São Paulo – SP
+55 (11) 3641-7446
contato@editoralabrador.com.br
www.editoralabrador.com.br
facebook.com/editoralabrador
instagram.com/editoralabrador

À minha família, tão pequena,
tão original e cheia de amor.

José Américo Câmera

Sempre os que dizem de antemão que lutam em nome de Deus são pessoas menos pacíficas do mundo: como creem que recebem mensagens celestiais, têm os ouvidos surdos para qualquer palavra de humanidade.

Stefan Sweig

Sumário

NOTA DO TRADUTOR E ORGANIZADOR

Sangue de Dante, alma de Cervantes

José Américo Câmera

Em princípio, Dante Alighieri, o poeta maior da língua italiana, não deveria ser mencionado neste trabalho. Primeiro, porque viveu dois séculos antes do nosso protagonista, morrendo no ano de 1321, em Ravena, Itália. Depois, porque sua trajetória passa ao largo das grandes navegações, não havendo menção a qualquer elo entre a pessoa de Dante e aqueles eventos. E neste trabalho ele é citado vagamente duas ou três vezes.

Aparece nesta abertura por um único, singelo e forçado motivo: o autor de *A divina comédia* dá nome a uma tradicional escola particular, no centro de São Paulo. Foi lá, no "Dante", na Alameda Jaú, que eu me alfabetizei e onde, por infindáveis oito anos, estudei seu idioma. E numa escola de "*oriundi*" o *bullying* para cima de quem se chama José Américo não poderia ser outro que não Américo Vespúcio. Então, claro, desde os anos 1960 me acostumei com a ideia distorcida de um xará tão famoso a ponto de carregar o nome de um continente.

Se o sangue é de Dante, a alma é de Cervantes. Aquele vulcão dentro de cada espanhol sempre me causou curiosa fascinação. Madri me alucina com a boa mesa, o vermute, o cozido madrilenho e seus impecáveis churros. Madri me mata com a praça Callao e seus cinemas, protestos e a livraria La Central. É lá que passo minhas solitárias tardes em terras de sangue quente. Foi lá que garimpei *Américo Vespúcio – a história de um erro histórico*[1].

Então, muito menos pela coincidência do prenome e mais pelo encantamento da passagem de Vespúcio pela costa do litoral norte de São Paulo, debrucei-me nesta tradução.

Se o motivo por si só já me atiçava, a ideia tomou forma e se potencializou posto que o autor do livro é Stefan Zweig, um judeu austríaco com riquíssima e vasta obra literária, que morreu de forma trágica no Brasil.

Nunca tive a pretensão de fazer qualquer pesquisa sobre Américo Vespúcio, Stefan Zweig ou, menos ainda, sobre o Canal de São Sebastião. Daí ter convidado para integrar o trabalho e suprir essa deficiência dois competentes jornalistas que admiro sobremaneira.

Para apresentar Zweig, convidei o decano do jornalismo Henrique Veltman. Ele aceitou de pronto. Henrique é contemporâneo de Alberto Dines, biógrafo do

---

1. *Américo Vespucio:* La historia de un error histórico. Madri: Capitán Swing, 2010.

autor, que lamentavelmente já nos deixou. Ambos judeus, ambos afinados com a erudição de Zweig. Seu texto me encheu os olhos. Exatamente o que imaginava quando fiz o convite.

Para um apanhado sobre a região, não abri mão do nome de Priscila Siqueira. Moradora de São Sebastião como eu, Priscila é combativa, afiada na escrita e sempre esteve ao lado dos caiçaras na desigual relação de forças entre o pescador e a especulação imobiliária. Da mesma forma, sempre se perfilou contra o tráfico humano e lutou pelo respeito incondicional às mulheres. Com todo esse engajamento, Priscila Siqueira é referência quando o assunto aponta o litoral norte de São Paulo. Seu poder de síntese dá claramente a dimensão da riqueza desta parte de nossa costa.

Nós, jornalistas, também somos meio navegadores. Adoramos viagens, discussões éticas e equívocos históricos. Daí oferecer esta tradução, feita com todo o cuidado do mundo e principalmente muito respeito, ao leitor.

TERRA

TERRA

APRESENTAÇÃO

Um autor e suas circunstâncias

Henrique Veltman[2]

Stefan Zweig nasceu em 1881 numa próspera família de judeus de Viena. Teve uma educação clássica, segundo os padrões da época para os homens de sua condição social. Estudou Filosofia na Universidade de Viena, onde se doutorou em 1904. O interesse pela arte suplantou os outros aspectos de sua formação, tanto que, quando foi chamado a abraçar os negócios da família, o jovem Stefan se recusou a fazê-lo.

Partiu logo para a literatura, e seu primeiro livro foi uma antologia de poemas chamada *Silberne Saiten* ("Cordas de Prata"), publicado quando ele tinha apenas 19 anos. Foi o início de uma bem-sucedida carreira que incluiria poesia, teatro e jornalismo. Nos anos 1920, os livros de Stefan Zweig estavam sendo publicados na

2. Escritor, jornalista e antropólogo, dirigiu o jornal *Imprensa Livre*.

Europa e nos Estados Unidos. Suas tiragens alcançaram milhões de exemplares; em certo momento, ele se tornou o autor mais traduzido do mundo.

Zweig teve, desde sempre, uma vida dramática, mas cheia de glamour. Viveu a sangrenta Primeira Guerra Mundial, o fim do império austro-húngaro, a Conferência de Versalhes, o fim e o nascimento de novos estados. Eram *the roaring twenties*, a década de 1920, um período de efervescência cultural em Nova York, Chicago, Paris, Berlim, Londres e em muitas outras grandes cidades, uma época intensa sustentada pela prosperidade econômica do momento. Os franceses chamaram o período de *années folles*, loucos anos, enfatizando o dinamismo social, artístico e cultural da época.

Esse pano de fundo levou o autor a manifestar o seu horror ao racismo e ao nacionalismo e, por consequência, a canalizar sua dedicação a um ideal cosmopolita acima de fronteiras. Esse modelo levaria à reconstrução da Europa.

Por volta dos anos 1930, embora escritor de sucesso, era um judeu atormentado com a ascensão de Hitler. Quando a Segunda Guerra Mundial começou e a Polônia foi invadida, o austríaco Zweig já havia obtido a nacionalidade britânica, o que lhe permitiu grande liberdade de movimento.

Esteve nos Estados Unidos; ao Brasil veio primeiramente como turista, e mais tarde instalou-se aqui graças a um visto de permanência. A essa altura, já havia escrito *Brasil, país do futuro*, que serviu amplamente como propaganda do governo. O autor negou qualquer ingerência de Vargas e sua ditadura no conteúdo do livro, publicado ainda em 1941. Na época, a imigração judaica enfrentava fortes restrições impostas pelo Catete, mas nada impediu a concessão de um generoso visto de entrada e permanência.

Brasil, país do futuro é uma senhora obra; fala de nossas políticas, de economia, de cultura. Como intelectual respeitável e observador sensível, Zweig soube conhecer, sentir, viver este nosso país. E acrescentou uma coleção de dados e informações.

Zweig subiu morros para conhecer as favelas cariocas, participou de festas populares na Bahia e no Recife, perambulou por São Paulo. Ao lado da mulher, Lotte, foi morar numa casa na cidade de Petrópolis.

O escritor previu uma evolução tecnológica e o fim das favelas; viu beleza na miséria, riqueza na tristeza, alegria na dor. Apaixonou-se pelas montanhas, planícies, praias, pelos mangues. Talvez seu contemporâneo Lasar Segall, com sua visão sobre o Rio de Janeiro e as prostitutas da Zona do Mangue, o desmentisse. Mas não me consta que os dois tenham se encontrado...

Mas mesmo o Brasil que ele vislumbrou como uma nova possibilidade para a civilização não foi suficiente para sustentar sua disposição de viver. Após ver seu mundo ruir sob o genocídio, o escritor e sua mulher deram cabo da própria vida em pleno carnaval de 1942.

Eu diria que o livro é perfeito no retrato do Brasil que era e havia sido, mas precário em relação ao país que viria a ser.

Em artigos e livros, autores como Alberto Dines e Benjamin Moser salientaram que o suicídio dos Zweig, somado à percepção da personalidade depressiva do escritor, confundiu e alterou o registro que a história fez dele e de sua obra. O curto período em Petrópolis acabou funcionando como uma estranha nota ao pé de página da sua trajetória: um herói da cultura europeia desterrado para o fim do mundo e que, em desespero, se mata. Essa foi a tônica dos jornais da época, aqui e no exterior.

Essa morte logo ultrapassou o tormento pessoal para adquirir um significado político. Muitos intelectuais reprovaram o ato. Thomas Mann, por exemplo, escreveu:

> Ele não tinha consciência de sua responsabilidade perante centenas de milhares de pessoas para as quais seu nome era importante e diante das quais sua capitulação provavelmente teria um efeito deprimente? Perante os muitos outros, refugiados como ele, mas para os quais o exílio era uma experiência incomparavelmente mais dura que a sua, celebrado como ele era, e sem preocupações materiais?[3]

---

3. MOSER, Benjamin. A história da vida de Stefan Zweig vai muito além de seu suicídio. Trad.: Francesca Angiolillo. *Folha de S.Paulo*, São Paulo,

Enquanto a cultura europeia era massacrada, o mínimo que se esperava de seus expoentes era que não se massacrassem entre si...

Essa carga simbólica, aliada aos aspectos pitorescos da vida de Zweig, atraiu levas de biógrafos. Segundo Benjamin Moser,

> o primeiro problema com o qual [os biógrafos de Zweig] se deparavam era o fato de que ele já havia escrito uma autobiografia, *O mundo que eu vi* – um dos melhores exemplos de livros de memórias do século XX [...]. Nele, a força do estilo de Zweig se mostra plenamente. Sua argúcia para o detalhe eloquente, seu conhecimento do mundo e suas lembranças de grandes personalidades da cultura de seu tempo são amparados por uma corrente emocional poderosa, que ajuda o leitor a imaginar o inimaginável desespero de uma geração forçada a ver toda sua sociedade varrida pelo fanatismo e pela guerra.[4]

O mundo que eu vi, escrito nos Estados Unidos antes de sua vinda para o Brasil, recorda a Europa, o continente ao qual o autor nunca retornaria. Zweig se concentrou tanto no trabalho de escrevê-lo que sua mulher chegou

---

22 jun. 2014. Disponível em: www1.folha.uol.com.br/ilustrissima/2014/06/1473536-a-historia-da-vida-de-stefan-zweig-vai-muito-alem-de-seu-suicidio.shtml. Acesso em: 16 set. 2019.

4. *Ibidem*.

a temer por sua saúde. Embora descrito com detalhes vívidos, esse mundo perdido é só em parte lamentado.

Diante do tema, é surpreendente que o livro não seja mais sombrio, e a impressão que deixa é de tal força que quase se tem pena dos biógrafos de Zweig. Quem contaria sua história melhor do que ele próprio?

Na Europa Ocidental ele ainda é, mais de setenta anos após sua morte, possivelmente o mais popular dos escritores de sua geração.

Seus temas foram sempre grandiosos. Além de ficção e poesia, esse homem produziu uma grande quantidade de biografias, cobrindo uma galeria de personagens que soa quase disparatada e que inclui Maria Antonieta, Erasmo, Balzac e Napoleão.

Anos atrás, numa banca de livros usados na avenida Ipiranga, em São Paulo, comprei a edição quase completa dos livros de Stefan Zweig, vinte volumes, da editora Delta. O dono da Delta, Abraham Kogan, foi um dos responsáveis pela primeira visita de Stefan Zweig ao Brasil.

A atração que as personagens exerceram sobre Zweig e aquilo que as une é que todas, sem exceção, resistiram à história e terminaram vitimadas por ela. Suas trajetórias, quando lidas à luz do que aconteceria a seu biógrafo, ganham um tom de profecia.

Maria Antonieta, a adolescente austríaca fascinada pela *joie de vivre*, designada a um papel à altura do qual nunca estaria, num lugar e num tempo que ela não conseguiu entender; Erasmo, em sua devoção

> trágica e paciente a um conceito de universalidade carcomido pela corrupção, má-fé e ambição; a imaginação grandiosa de Balzac, submetida a preocupações financeiras que se impuseram sobre o gênio artístico.[5]

Aqui vale citar Alberto Dines, com o clássico *Morte no paraíso: a tragédia de Stefan Zweig*. Em mãos menos hábeis que as suas, que durante muitos anos se dedicaram à obra de Zweig,

> o expediente favorece o perigo de fazer o que o escritor, em seus próprios livros e artigos, não fez: lançar um olhar limitado sobre a vida de alguém que se dedicou a ampliar, e não a reduzir, as visões que oferecia em seus livros.[6]

O autor americano George Prochnik, no livro *The Impossible Exile* ("O Exílio Impossível") – disponível na edição *on-line* do *The New Yorker* –, evoca a cidade que Zweig conheceu: a taxa de criminalidade nova-iorquina à época, o clima, a irritação que o escritor sentia ao ver os espectadores da ópera lendo os libretos com diminutas lanternas. São detalhes que mostram quão desconcertante a cidade podia ser até para o mais cosmopolita dos expatriados.

O que há de mais notável na experiência de Zweig, conforme relatada no livro de Prochnik, é que Nova York

---

5. *Ibidem*.
6. *Ibidem*.

se impôs como o local com o qual ele não podia se fundir; aquele que teria dado a ele a mais dura noção de exílio.

Prochnik mostra o que significou, para Zweig, estar ali – quão difícil era para ele ser um dos "bem-aventurados", um judeu refugiado na América. Visto de fora, Zweig parecia ser o mais sortudo de todos.

Já o livro de Alberto Dines aproveita a história do escritor em Petrópolis para lançar uma luz sobre toda a vida do autor. Prochnik lê toda a trajetória de Zweig como prenúncio de seu suicídio na serra. E, assim, se concentra justamente nos aspectos menos interessantes de sua vida. A situação dos judeus europeus era tudo, menos individual, e colocar ênfase numa questão que devastou milhões é enfatizar o que Zweig tinha em comum com tantas outras pessoas, em lugar de tentar entender o que faz dele extraordinário.

A alemã Hannah Arendt condenou o excesso de sensibilidade na obra de Zweig. Narrativas como as de Thomas Mann, Prochnik e Arendt pintam o retrato de alguém fraco, sem caráter, assustadiço e nervoso. Mas por que, sete décadas após sua morte, sua figura exerce fascínio tão duradouro?

Na minha leitura, Zweig nunca deixou de olhar com humildade para seu próprio trabalho, e sempre tinha na ponta da língua nomes cuja obra considerava maior que a sua.

Seu trabalho permanece.

Algumas das traduções da obra publicadas ao redor do mundo.

Fachada da última residência de Stefan Zweig, em Petrópolis, Rio de Janeiro.

O imóvel foi reformado e transformado em um memorial, a Casa Stefan Zweig, cuja inauguração ocorreu em 2012, quando se completaram 70 anos da morte do escritor.

O autor e sua segunda mulher vieram para o Brasil fugindo da Segunda Guerra Mundial e moraram na casa por cinco meses até se suicidarem, na noite de 22 para 23 de fevereiro de 1942.

Foi nessa casa que o austríaco concluiu sua autobiografia, *O mundo que eu vi*.

Também foi nessa casa que ele escreveu a novela *Xadrez*, à qual fazem referência as mesas da varanda (à disposição dos visitantes) e o tabuleiro gigante que ocupa o jardim do imóvel.

História e cultura se encontram no local, que recebe visitantes do mundo todo.

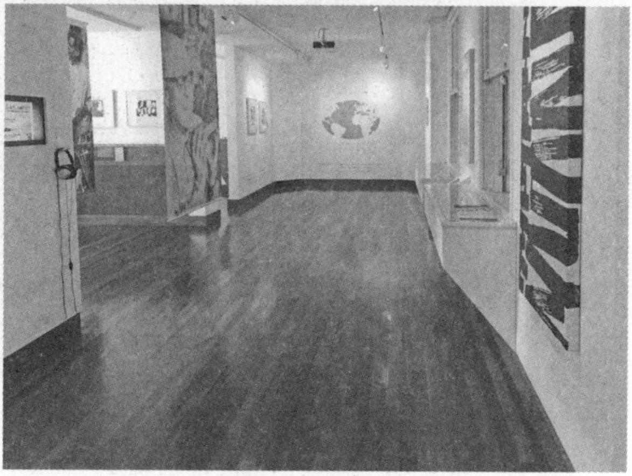

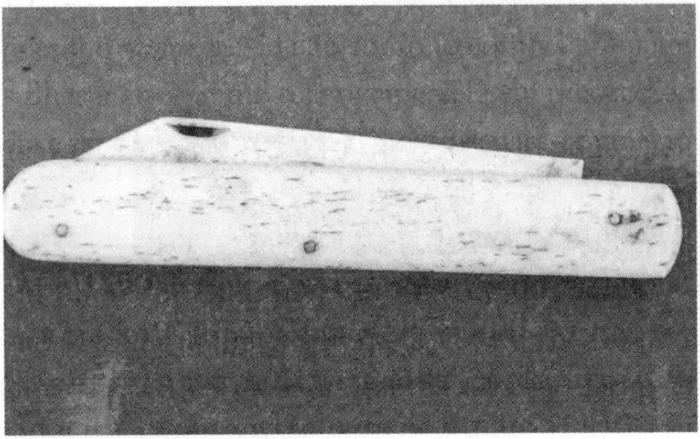

O acervo inclui objetos pessoais, como o canivete, as penas da caneta-tinteiro, os insumos da máquina de escrever e as embalagens de colchetes e lacres de cera do autor.

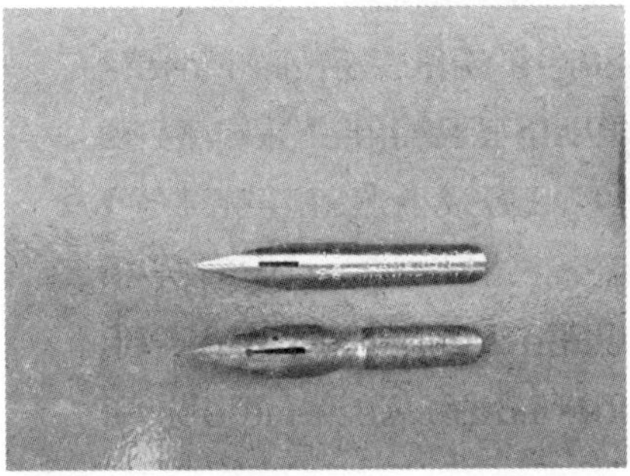

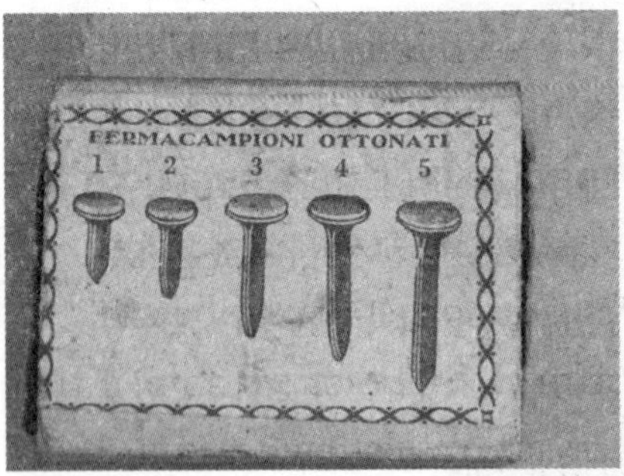

Parte das publicações que compõem o acervo da Casa Stefan Zweig.

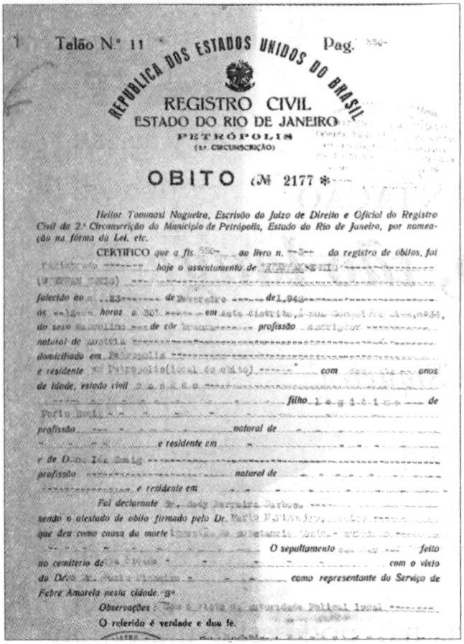

Talão N.º 11 — Pag. 550-

REPUBLICA DOS ESTADOS UNIDOS DO BRASIL

REGISTRO CIVIL

ESTADO DO RIO DE JANEIRO

PETRÓPOLIS

(2.ª CIRCUNSCRIÇÃO)

OBITO Nº 2177

Heitor Tommasi Nogueira, Escrivão do Juizo de Direito e Oficial do Registro Civil da 2.ª Circunscrição do Municipio de Petrópolis, Estado do Rio de Janeiro, por nomeação na fórma da Lei, etc.

CERTIFICO *que a fls.* 550- *ao livro n.* 3 *do registro de obitos, foi* [illegible] *hoje o assentamento de* [illegible] *falecido ao* 23 *de* [illegible] *de* 1.942 *ás* 12 *horas* [illegible] *em* [illegible] *do sexo* [illegible] *de côr* [illegible] *profissão* [illegible] *natural de* [illegible] *domiciliado em* [illegible] *e residente* [illegible] *com* [illegible] *anos de idade, estado civil* [illegible] *filho* [illegible] *de* [illegible] *profissão* [illegible] *natural de* [illegible] *e residente em* [illegible] *e de* [illegible] *profissão* [illegible] *natural de* [illegible] *e residente em* [illegible]

Foi declarante [illegible] *sendo o atestado de obito firmado pelo Dr.* [illegible] *que deu como causa da morte* [illegible] *O sepultamento* [illegible] *feito no cemiterio de* [illegible] *com o visto do Dr.* [illegible] *como representante do Serviço de Febre Amarela nesta cidade.*

Observações: [illegible]

O referido é verdade e dou fé.

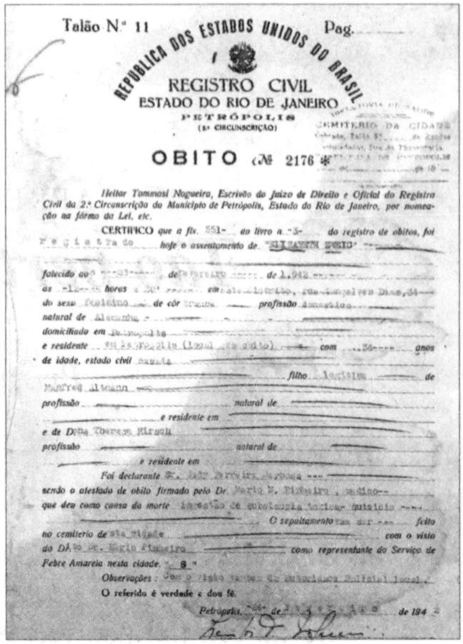

Talão N.º 11 — Pag.

REPUBLICA DOS ESTADOS UNIDOS DO BRASIL

REGISTRO CIVIL

ESTADO DO RIO DE JANEIRO

PETRÓPOLIS

(2.ª CIRCUNSCRIÇÃO)

OBITO Nº 2176

Heitor Tommasi Nogueira, Escrivão do Juizo de Direito e Oficial do Registro Civil da 2.ª Circunscrição do Municipio de Petrópolis, Estado do Rio de Janeiro, por nomeação na fórma da Lei, etc.

CERTIFICO *que a fls.* 551- *ao livro n.* 3 *do registro de obitos, foi* registrado *hoje o assentamento de* "ELIZABETH ZWEIG" *falecido ao* [illegible] *de* [illegible] *de* 1.942 *ás* 12 *horas* [illegible] *em* [illegible] *do sexo* feminino *de côr* [illegible] *profissão* [illegible] *natural de* Alemanha *domiciliado em* Petrópolis *e residente* [illegible] *com* [illegible] *anos de idade, estado civil* casada *filho* [illegible] *de* [illegible] *profissão* [illegible] *natural de* [illegible] *e residente em* [illegible] *e de* [illegible] *profissão* [illegible] *natural de* [illegible] *e residente em* [illegible]

Foi declarante [illegible] *sendo o atestado de obito firmado pelo Dr.* [illegible] *que deu como causa da morte* [illegible] *O sepultamento* [illegible] *feito no cemiterio de* [illegible] *com o visto do Dr.* [illegible] *como representante do Serviço de Febre Amarela nesta cidade.*

Observações: [illegible]

O referido é verdade e dou fé.

Petrópolis, [illegible] de [illegible] de 194[illegible]

Certidões de óbito de Stefan Zweig e Elizabeth Zweig (Lotte).

A Stefan Zweig foi concedida postumamente, em 2017, a Ordem Nacional do Cruzeiro do Sul, comenda que o governo brasileiro concede a personalidades estrangeiras.

APRESENTAÇÃO

Tão perto, tão longe

Priscila Siqueira[7]

"Se há um paraíso terrestre, não pode estar muito longe daqui", registrava em suas anotações o cosmógrafo Américo Vespúcio a respeito das terras que nos mapas de sua época eram catalogadas como *Terra Santa Crucis* ou Novo Mundo (*Novus Mundus*) e também como Terra dos Papagaios.

Em 20 de janeiro de 1502, esse italiano de Florença estava a bordo de uma embarcação comandada pelo navegador português Gonçalo Coelho, sob a custódia do rei de Portugal, quando chegaram a uma imensa ilha do litoral brasileiro habitada por indígenas da nação Tupi. Segundo Hans Staden, alemão interessado nos mistérios desse Novo Mundo, os indígenas davam à ilha o nome de "Maembipe", lugar de troca de mercadorias e resgate de prisioneiros, ou então "Ciribai", lugar tranquilo.

---

7. Jornalista, autora de *Genocídio dos Caiçaras*, *Tráfico de pessoas: oferta, demanda e impunidade*, *O sonho de Julieta* e *A outra face de Eva*.

Mas os nomes indígenas de nada valiam para os colonizadores portugueses. Então, como 20 de janeiro é o dia de São Sebastião, santo muito querido pelos portugueses, a enorme ilha ficou registrada nos mapas de Américo Vespúcio e conhecida até hoje em todo o mundo como *Ilha de São Sebastião*.

São Sebastião é a maior ilha oceânica do Brasil, se considerarmos Marajó como ilha fluvial. É nessa ilha que se encontra a sede do município-arquipélago de Ilhabela, lindo como o nome diz, com comunidades espalhadas tanto em praias situadas no Canal de São Sebastião como nas localizadas em mar aberto.

O município-arquipélago é formado por quinze ilhas e ilhotes, como o Ilhote das Cabras, da Serraria, dos Castelhanos, da Lagoa, da Figueira, das Enchovas e Sumítica. "Sumítica", no vocabulário caiçara, quer dizer "insignificante", já que é pequenina. As Ilhas de Búzios e de Vitória contam com populações caiçaras ancestrais, mestres nas artes de sobrevivência no mar. O canal que separa a Ilha de São Sebastião do continente é denominado canal de Toque-Toque, e o município que fica em frente a ele também foi batizado com o nome do santo.

Por sua posição privilegiada, os galeões e as caravelas que costumavam percorrer esse litoral aí paravam para se abastecer de água potável e víveres, a fim de seguir viagem. Para esses tripulantes, a Ilha de São Sebastião era um real paraíso repleto de vida.

Interessante notar que não foram só os portugueses a vasculhar o litoral norte paulista, outros europeus das mais diversas nacionalidades também o fizeram. Na Ilha de São Sebastião há uma praia do lado do mar aberto chamada Castelhanos, e seus velhos habitantes eram caiçaras que falavam com um sotaque espanholado. Por quê? Teriam sido os espanhóis os primeiros a chegar nessa praia da Ilha de São Sebastião?

Lá, em Castelhanos, há um antigo cemitério de escravos que, segundo consta, eram levados à sede da vila e ao continente por trilhas no meio da mata. Então, o comércio de escravos havia sido proibido em nível mundial pelos ingleses; ora, Castelhanos era, por isso, um local de recepção de mercadoria contrabandeada: escravos. Como muitos desses sofridos seres humanos morriam na travessia do mar ou quando chegavam à costa, houve a necessidade de um cemitério para enterrá-los.

Mas também há outros sobrenomes nesse litoral que mostram a presença de europeus de outras designações, como os Cardin e os Vigneron, cujos ancestrais vieram da França. Os Vigneron e os Salomon são descendentes de uma colonização francesa em Ubatuba. Como os Cardin, que partilham o nome com o famoso estilista Pierre, chegaram aqui?

No prefácio da edição espanhola do livro de Stefan Zweig, o professor Felipe Fernández-Armesto afirma que Américo Vespúcio havia adquirido certo saber sobre corpos celestes por conta de um tio que havia se dedicado à astrologia. Segundo o escritor Alberto Dines, que retrata a vida de Zweig em *Morte no paraíso*, ele afirmou aos repórteres, que o entrevistaram na sua chegada ao Brasil, que para aqui viera a fim de escrever dois livros: *História de minha vida* e *Américo Vespúcio*.

Américo Vespúcio (erroneamente também chamado de Alberico Vespúcio) não era exatamente um navegador, mas uma pessoa de maior cultura que registrava em seus mapas o que havia sido descoberto por outros. O caso é que, apesar de não ter sido quem comandou o navio que chegou à Ilha de São Sebastião, foi ele quem registrou seu nome de batismo, assim como a localidade existente em sua frente no continente. Não só isso. Zweig descreve um trecho de Américo Vespúcio em que ele relata: "ao norte, ao sul, aonde quer que se direcione a quilha a oeste, em todas as partes há terras e ilhas. O almanaque com todos os santos já não tem suficientes nomes para batizá-las". Pois então, só o município-arquipélago de Ilhabela tem quinze ilhas e ilhotes.

Não só o nosso imenso continente americano recebeu seu nome em homenagem a Américo Vespúcio, mas também foi ele quem batizou essas terras do litoral norte de São Paulo. Terras essas que deviam ser colonizadas, no dizer do florentino, para que "seja conhecida a milagrosa obra de Deus também nesta parte da terra desconhecida até agora".

Estudos arqueológicos mostram que o arquipélago de Ilhabela foi habitado em pelo menos quatro de suas ilhas muitíssimo antes da chegada dos europeus e até mesmo dos indígenas da nação Tupi. Esses habitantes não conheciam a agricultura e foram chamados de "concheiros", já que eram pescadores-caçadores-coletores vivendo exclusivamente do que o mar lhes proporcionava. Há registros de sambaquis descobertos na região que datam de até 6 mil anos a.C. Sambaquis são empilhamento de moluscos, entre outros restos, provenientes da fauna e flora marinha, que alguns grupos indígenas usavam para enterrar seus mortos.

O antigo nome de Ilhabela, Vila Bela da Princesa, vem do século XIX em homenagem à Princesa da Beira, a infanta dona Maria Teresa Francisca, filha mais velha de dom João e dona Carlota Joaquina. Portanto, a homenageada era irmã de dom Pedro I.

Contos e lendas abundam nesse município. Há quem jure que Ilhabela tem esse nome porque teria sido dada de presente à princesa Isabel, filha de dom Pedro II. Daí o apelido "Belinha", "Bela" para a princesa Isabel. Mostram até mesmo a casa onde ela passaria seus dias de descanso nessa Ilha. São histórias que enriquecem o repertório local de "causos" e lendas, e fazem de Ilhabela um lugar mais fascinante e bonito.

A Ilha de São Sebastião, o canal de Toque-Toque – também conhecido como Canal de São Sebastião – e o próprio município de São Sebastião, no continente, têm uma rica história que, acreditamos, ainda não está totalmente desvendada.

Mas uma coisa parece certa: seu nome de batismo se deve a um italiano controverso, admirado por uns e desprezado por outros, que, olhando o almanaque de todos os santos da Igreja católica, percebeu que o dia 20 de janeiro era dia de São Sebastião. E foi nesse dia que eles aqui chegaram. Então, o batismo aconteceu...

TERRA

AMÉRICO VESPÚCIO

A HISTÓRIA DE UM ERRO HISTÓRICO

Stefan Zweig

Quem foi o homem que deu o nome de América à América?

Qualquer estudante, sem dúvida nenhuma, responderá: Américo Vespúcio.

Mas, diante da pergunta seguinte, mesmo os adultos se sentem inseguros e vacilam: por que se batizou essa parte do mundo precisamente com o prenome de Américo Vespúcio? Porque Vespúcio descobriu a América? Ele nunca fez isso! Talvez porque tenha sido o primeiro a pisar terra firme em lugar de pôr os pés só em ilhas? Tampouco seria esta a razão, posto que não foi Vespúcio o primeiro a pôr os pés no continente, uma vez que foram Colombo e Sebastião Caboto. Por acaso seria porque sustenta falsamente ter sido o primeiro a fincar amarras neste lugar? Vespúcio nunca reclamou esse título diante de qualquer instância legal. Sendo um erudito e cartógrafo, por acaso propôs, com toda ambição, o seu nome para esse continente? Não, não o fez e, provavelmente, nem se preocupou com isso em vida. Porém, se não fez nada disso, por que foi honrado com a imortalização de seu nome? Enfim, por que a América não se chama Colômbia, mas, sim, América?

Como aconteceu foi uma verdadeira bagunça de casualidades, erros e mal-entendidos. É a história de um homem que, graças a uma viagem que nunca empreendeu e à qual nunca mencionou haver empreendido, alcançou a imensa honra de dar seu próprio nome a uma quarta parte de nossa Terra. Há quatro séculos esse nome ao mesmo tempo surpreende e incomoda o mundo. Vez ou outra se acusa Vespúcio de ter conseguido capciosamente essa honra por meio de maquinações obscuras e desleais. Por conta disso, há um processo de "engano por declarações dolosas" tratado por eruditos e diferentes autoridades na matéria. Uns consideraram Vespúcio inocente, outros o condenaram à desonra perpétua. Quanto mais categoricamente seus defensores o declaravam inocente, com mais paixão seus detratores o acusavam de mentir, falsificar e roubar. Hoje em dia, essas polêmicas, com suas hipóteses e provas a favor e contra, ocupam toda uma biblioteca. Para alguns, o padrinho da América é um *amplificator mundi*, um dos grandes ampliadores de nossa Terra, um descobridor, um navegante, um erudito de alto nível; para outros, é o vigarista e trapaceiro mais impertinente da história da geografia.

De que lado estará a verdade, ou, dito com mais cautela, a maior probabilidade?

Atualmente, o caso Vespúcio já não é um problema geográfico ou filológico. É um jogo de lógica que qualquer curioso pode procurar solucionar. Ademais, trata-se de um jogo que é possível conhecer com facilidade por haver pouca documentação, posto que toda obra escrita de Vespúcio que se conhece, com todos os documentos incluídos, chega a somar entre quarenta e cinquenta páginas. Assim, eu também me permiti repassar novamente, jogada por jogada, essa famosa partida com todos os seus surpreendentes lances.

A única condição de natureza geográfica que minha exposição exige ao leitor é esquecer-se de tudo que conhece de geografia graças aos nossos atlas completos e, de início, excluir totalmente de seu mapa interior a forma, a configuração e, inclusive, a existência da América. Somente aquele que seja capaz de mergulhar sua alma na obscuridade, nas incertezas daquele século, poderá compreender em sua totalidade a surpresa, o entusiasmo daquela época, quando os primeiros contornos de uma insuspeitada Terra começaram a se desenhar, emergindo do que até aquele momento carecia de margens. Porém, a humanidade quer nomear a tudo que é novo. Quando sente entusiasmo, quer gritar de júbilo e expressar seu gozo. Assim foi que, num belo dia, inesperadamente o vento do acaso lhe ofereceu um nome; e sem se perguntar se justa ou injustamente, acolheu com impaciência essa palavra sonora e vibrante e saudou o seu Novo Mundo com o nome eterno de América.

A situação histórica

TERRA

Ano 1000. Um profundo sonho perturbador pesa sobre o mundo ocidental. Os olhos estão demasiadamente cansados para velar o entorno; os sentidos, demasiadamente esgotados para que surja a curiosidade. O espírito da humanidade está paralisado, já não quer mais saber do mundo. E o que chega a ser mais estranho: inclusive o que já se sabia, se esquecia de maneira incompreensível. Esqueceu-se de ler, escrever, calcular, nem sequer os reis e os imperadores do ocidente são capazes de assinar seu próprio nome num pergaminho. As ciências se converteram em múmias. A mão humana já não sabe reproduzir o próprio corpo por meio de desenhos e esculturas. Sobre todos os horizontes se estende, de certo modo, uma névoa impenetrável. Já não se viaja, já não se sabe nada sobre os outros países. Entrincheiram-se nas fortalezas e cidades proteções contra os povos selvagens que aparecem vez ou outra vindos do Oriente. Vive-se na amargura, vive-se sem coragem… um pesado sonho atordoa o mundo ocidental.

Às vezes, sobre essa pesada sonolência estonteante sobrevém uma certa recordação de um mundo diferente, mais amplo, com mais cores, mais luminoso, mais animado, cheio de acontecimentos e aventuras. Por acaso não tinham todos os países vias pelas quais desfilaram legiões romanas, e com elas os lictores, os guardiões da ordem, os homens da justiça? Por acaso não existira um homem chamado César que conquistou Egito e Inglaterra ao mesmo tempo? Não tinham ido as trirremes aos países além do Mediterrâneo onde há tempos barco algum já não se atrevia a navegar por medo dos piratas? Por acaso não avançara o rei Alexandre até a Índia, aquele país maravilhoso, e voltou pelo Irã? Não havia antigamente sábios capazes de ler as estrelas, que conheciam a configuração do mundo e os segredos dos seres humanos? Sobre tudo isso deveríamos ler nos livros. Mas já não existem livros. Devíamos viajar e conhecer outros países. Mas já não há estradas nem caminhos. Quiçá tudo isso tenha sido apenas um sonho.

Então, para que se esforçar? Para que reunir forças se tudo chegou ao fim? O ano 1000, assim se proclama, será o ano do fim do mundo. Deus os condenou por terem cometido diversos pecados, segundo pregam do púlpito os sacerdotes, e o primeiro dia do novo milênio será o dia do começo do Juízo Final. Consternadas, com a roupa em farrapos, as gentes acodem em massa às procissões com velas acesas. Os camponeses abandonam os campos, os ricos vendem e esbanjam seus bens. Porque amanhã virão os Cavaleiros do Apocalipse em seus pálidos corcéis; aproxima-se o dia do Juízo Final. E milhões e milhões de pessoas se ajoelham nas igrejas, esperando serem atiradas na eterna escuridão.

Ano 1100. Não, não foi o final do mundo. De novo Deus foi misericordioso com a humanidade. Pode seguir vivendo. Mas deve seguir vivendo para testemunhar Sua bondade e Sua grandeza. Há que dar graças por Sua clemência. Há que elevar as graças até o céu – e assim se levantam igrejas e catedrais, aqueles pilares de pedras da oração. Há também que manifestar seu amor a Jesus Cristo, o mediador de Sua benevolência. Por acaso pode--se imaginar que o local de seu sofrimento e sua sagrada sepultura sigam nas mãos de desalmados pagãos? Avante, cavaleiros do Ocidente! Avante todos os crentes até o Oriente! Não escutastes a chamada? "É vontade de Deus!" Saiam das fortalezas, dos povoados, das cidades! Em marcha, avante! Começa a cruzada por terra e por mar.

Ano 1200. Conquistaram o Santo Sepulcro e o perderam novamente. Uma cruzada em vão, porém não de todo. Porque com aquela viagem, a Europa despertou. Sentiu sua própria força, mediu sua própria coragem, voltou a descobrir quantas novidades e alteridades têm seu lugar e seu lar na Terra de Deus: outros espaços, outros frutos, outros tecidos, pessoas, animais e costumes sob um céu diferente. Surpreendidos e envergonhados, os cavaleiros, seus camponeses e seus servos se deram conta da vida tão atordoada que levavam no Ocidente, e quão ricos e refinados eram os sarracenos. Aqueles pagãos, que da lonjura eram depreciados, têm tecidos suaves, lisos e frescos de seda indiana, frondosos tapetes de cores vibrantes de Bucara, têm especiarias, ervas e aromas, que estimulam e animam os sentidos. Seus barcos navegam até os países mais longínquos para trazer escravos, pérolas e minerais reluzentes. Suas caravanas desfilam por caminhos em viagens infinitas. Não, não se trata de gente selvagem como se supunha. Conhecem a Terra e seus segredos. Têm mapas e tabelas onde tudo fica escrito e registrado. Há sábios que conhecem o curso das estrelas e as leis que regem suas movimentações. Conquistaram mares e terras, se apropriaram de todas as riquezas, de todos os comércios, de todos os prazeres da vida, ainda que não sejam melhores guerreiros que os da cavalaria alemã ou francesa.

Porém, como fizeram tudo isso? Estudaram. Têm escolas e em suas escolas estão as escrituras que tudo transmitem e explicam. São conhecedores da sabedoria dos antigos eruditos do Ocidente aos quais juntaram seus próprios conhecimentos. Porque há que estudar para conquistar o mundo. Não se deve desperdiçar forças em torneios e comilanças. Também há que ter uma mente flexível, aguda e ágil como o aço de Toledo. Ou seja, aprender, pensar, estudar, observar! Assim é que, numa grande movimentação, as universidades se sucedem uma a uma, a de Siena, de Salamanca, Oxford e Toulouse. Cada país quer incorporar a ciência. Depois de muitos séculos de indiferença, o homem ocidental volta a se preocupar com os segredos da Terra, do céu e do ser humano.

Ano 1300. A Europa se liberta do manto teológico que a impediu de ter um olhar livre sobre o mundo. Não há sentido algum em pensar sempre em Deus, não há sentido em interpretar uma e outra vez os antigos escritos escolásticos e discutir sobre eles. Deus é o criador e, posto que criou o homem à Sua imagem e semelhança, o quer criativo. Os gregos e os romanos deixaram seus modelos em todas as artes, em todas as ciências. Quem sabe se possa alcançar, se possa conhecer o que outrora soube a Antiguidade. Talvez até mesmo superá-la. Uma audácia desconhecida se desata no Ocidente. Voltam a escrever poemas, voltam a pintar, a filosofar e, viva!, conseguem. Uma maravilha. Nasce um Dante e um Giotto, um Roger Bacon e os mestres das catedrais. Apenas movidas as asas, há muito tempo desacostumadas, que a mente liberada abre caminho em todas as direções.

Mas por que a terra continua tão estreita? Por que o mundo terrestre e geográfico é tão limitado? Por todas as partes não há mais que mar, mar e mais mar por todos os litorais e, com ele, o desconhecido e proibido, esse Oceano inalcançável com a visão *ultra nemo scit quid contineatur*, o qual ninguém sabe o que esconde. Apenas no Sul, passando pelo Egito, há um caminho que conduz aos países do sonho das Índias. Porém, está cortado pelos pagãos. E nenhum mortal pode atravessar as colunas de Hércules, o Estreito de Gibraltar. Segundo as palavras de Dante, será por toda a eternidade o fim de todas as aventuras.

... quella foce stretta
Ov'Ercole segnò li suoi riguardi
Acciocchè l'uom più oltre bon si metta.[8]

8. "... ao famoso estreito,/ Onde Alcides aos nautas pôs resguardos,/ Que devem respeitar por seu proveito." ALIGHIERI, Dante. *A divina comédia*. São Paulo: LL Library, 2013. [N. E.]

Ah! Nenhum caminho leva ao *mare tenebrosum*, nenhum barco que encaminhe sua quilha para esse deserto voltará. O homem há de viver em um espaço que não conhece, está fechado em um mundo cuja extensão e configuração dificilmente descobrirá.

Ano 1298. Dois velhos barbudos, acompanhados de um homem jovem, que parece ser filho de um deles, atracam seu barco em Veneza. Vestem roupas estranhas que nunca se tinha visto no Rialto[9], com grandes e grossos mantos, peles e diferentes adornos. Porém, mais estranho ainda é o fato de que esses três amigos falam o dialeto veneziano mais autêntico e garantem ser de Veneza, sendo o nome deles Polo[10] e Marco Polo, no caso do mais jovem. Naturalmente que não se deve levar a sério o que contam. E contam que há mais de duas décadas viajaram de Veneza até Mangi (até a China), passando pelos impérios moscovitas, pela Armênia e Turquestão, e que ali viveram na corte de Kublai Khan[11], o soberano mais poderoso do mundo. Dizem que viajaram por todo seu gigantesco reino, que, em comparação com a Itália, seria como um cravo ao lado do tronco de uma árvore. Que haviam chegado até o limite do Mundo onde novamente aparece o Oceano. Quando, depois de

9. A ponte de Rialto, em arco, é a mais antiga e a mais famosa sobre o Grande Canal de Veneza. [N. T.]
10. Os nomes completos dos dois amigos mais velhos eram Niccollò Polo e Matteo Polo. [N. T.]
11. Neto de Gengis Khan, foi o quinto grande cã do Império Mongol, de 1260 a 1294, e o fundador da dinastia Yuan. [N. T.]

muitos anos, o grande cã os dispensou de seus serviços oferecendo-lhes abundantes presentes, voltavam para sua pátria pelo mesmo Oceano. Primeiro dizem ter passado por Cipango[12], pelas Ilhas das Especiarias e pela grande Ilha Taprobana (Ceilão) e, depois, pela baía persa, para regressar felizmente via Trebizonda[13].

Os venezianos ouvem os três homens e se põem a rir. Que contistas mais divertidos! Até agora nenhum cristão chegou ao outro extremo do Oceano, nem pôs os pés nas Ilhas de Cipango e Taprobana! Impossível! Porém a família Polo convida aquela gente para uma visita a sua casa e mostra os presentes e as pedras preciosas. Os céticos, que inicialmente duvidaram, reconhecem admirados que seus compatriotas realizaram os descobrimentos mais audaciosos daquele tempo. A reputação dos Polo se expande aos quatro ventos por todo o Ocidente e faz novamente renascer a esperança de que, sim, era mesmo possível chegar à Índia. Pode-se chegar até aquelas regiões, as mais ricas da Terra, e, a partir dali, seguir então ao outro extremo do mundo.

Ano 1400. Chegar à Índia tornou-se o grande sonho do século. Assim como passou a ser o sonho de vida de um homem, o príncipe Henrique de Portugal, que a história chama de Henrique, o Navegante, ainda que ele mesmo

12. Cipango é o nome antigo do Japão. Vem do chinês *Je-pen-kuo*, "país do sol nascente". [N. T.]

13. Trapezunt ou Trabzon, império criado após a tomada de Constantinopla, independente do Império Bizantino; durou de 1204 a 1461. [N. T.]

nunca tivesse navegado pelo Oceano. Porém, dedicou sua vida e sua ambição àquele sonho único de *alcançar onde nascem as especiarias*, as Ilhas Índicas, de chegar às Molucas[14], onde crescem a canela, a pimenta e o gengibre tão valiosos que, naqueles tempos, os comerciantes italianos e flamengos cobravam a peso de ouro. Os otomanos fecharam o Mar Vermelho, o caminho mais próximo aos *rumis*[15], os "pagãos", ficando com o monopólio do lucrativo negócio. Por acaso não seria um ato proveitoso e, mais ainda, uma cruzada cristã estacar os inimigos do Ocidente? Por acaso não se poderia dar a volta pela África para chegar às Ilhas das Especiarias? Os livros antigos falam da estranha história de um barco fenício que há centenas de anos regressara de uma viagem de dois anos do Mar Morto até Cartagena, dobrando o cabo africano. Seria possível conseguir isso mais uma vez?

O príncipe Henrique convoca os eruditos daquele tempo. Na ponta extrema de Portugal, o Cabo de Sagres, onde o infinito Atlântico cobre os arrecifes com sua espuma, constrói-se uma casa que abriga uma coleção de mapas e muita informação náutica. Citam-se astrônomos e pilotos, um atrás do outro. Para os velhos eruditos, atravessar a Linha do Equador é tarefa impossível. Remetem a Aristóteles, Estrabão e Ptolomeu, os sábios da Antiguidade. Próximo ao Trópico, o mar é espesso, *mare pigrum*, e o sol perpendicular queimará os barcos.

14. Molucas, ilhas da Indonésia. [N. T.]
15. Nome pelo qual os árabes designam um cristão. [N. T.]

Ninguém pode sobreviver naquelas zonas, nenhuma árvore, nenhum filamento de erva cresce ali. Os navegantes morreriam de sede no mar e em terra, de fome.

Porém há outros eruditos, judeus e árabes, que discordam dessas afirmações. Vale a pena arriscar-se. Os comerciantes mouros devem ter inventado esses contos para desanimar os cristãos. Há muito tempo o geógrafo Edrisi[16] descobriu que no sul há um país frutífero, Bilad Ghana (Guiné), onde, atravessando o deserto, os mouros vão buscar escravos negros. Também haviam visto mapas, mapas árabes, que indicam o caminho ao redor da África. Não há nada que se oponha à navegação ao longo da costa, principalmente agora que os novos instrumentos permitem determinar as latitudes, e as bússolas provenientes da China indicam a direção do polo. Não há nada que se oponha agora, nem quando barcos maiores e em melhores condições para a navegação forem construídos. O príncipe Henrique dá as ordens. A grande proeza toma seu rumo.

16. Abu Abdulá Maomé Idrissi (Ceuta, 1110 – Sicília, 1165 ou 1166) foi um geógrafo, cartógrafo e botânico árabe, famoso pela qualidade de seus mapas, tanto no desenho como na precisão. [N. T.]

TERRA

Ano 1450. A grande proeza tem início, essa grande e imortal façanha portuguesa. Em 1419 se descobriu a Madeira, ou melhor, se redescobriu. Em 1435, se conhecem *las insulae fortunatae* da Antiguidade, que durante tanto tempo foram um enigma. Quase a cada ano surge um novo avanço. Dão a volta no Cabo Verde e, em 1445, chegam ao Senegal e, fantástico!, em todas as partes há palmeiras, frutos e seres humanos. Agora a nova era já sabe mais do que os sábios dos tempos anteriores – e Nuno Tristão, em tom triunfante, pôde anunciar, "com permissão de sua majestade Ptolomeu", que havia descoberto terras frutíferas onde o grande grego havia negado tal possibilidade. Em um milênio, pela primeira vez um navegador se atreve a fazer mofa dos sábios da geografia. Os novos heróis se superam um ao outro. Diogo Cão e Dinis Dias, Luiz Cadamosto e Nuno Tristão: nas costas virgens até aquele momento, cada um deles coloca orgulhosamente a pedra comemorativa com a cruz portuguesa em sinal de nova possessão. O mundo segue com assombro os avanços por terras ignotas daquele pequeno povo, que realiza sozinho o *feito nunca feito*, a façanha nunca concretizada.

Ano 1486. Triunfo! Deram a volta pela África. Bartolomeu Dias dobra o Cabo das Tormentas, o Cabo da Boa Esperança. A partir daí o caminho já não segue até o sul. Navegando apenas com ajuda das moções favoráveis até o leste pelo oceano, seguindo a rota que já consta dos mapas, que dois emissários judeus levaram ao Preste

João, o rei cristão da Abissínia[17], que os fez chegar ao rei de Portugal, aportam na Índia. Porém, a tripulação de Bartolomeu Dias está esgotada e isso o priva do prazer de uma façanha que, mais adiante, Vasco da Gama levará a cabo. Por ora é o suficiente! Descobriram o caminho! Ninguém poderá se antecipar a Portugal.

Ano 1492. Sim, é possível! Alguém se antecipou a Portugal. Ocorreu algo incrível. Um tal Colón, ou Colom, ou Colombo – *Christophorus quidam Colonus vir Ligurus*, segundo Petrus Martyr –, um homem totalmente desconhecido, *una persona que ninguna persona conocía*, segundo informa um outro, se lançou, sob a bandeira espanhola, pelo oceano aberto em direção a oeste no lugar de passar pela África e, não há maior milagre!, chegou, segundo dizem, por esse *brevissimo cammino*, até a Índia. É certo que não deparou com o Kublai Khan de Marco Polo, porém, segundo se informa, atracou primeiro na Ilha de Cipango (Japão) e logo aportou em Mangi (China). Estava a poucos dias do rio Ganges.

A Europa ficou assombrada quando Colombo regressou com alguns índios de estranha coloração avermelhada, com papagaios e outros animais curiosos e amplificadas histórias que falavam em ouro. Parece estranho, muito estranho – quer dizer que o globo terrestre é menor do que haviam suposto e, então, Toscanelli havia

17. Abissínia, também conhecida como Império Etíope, ocupou os territórios das atuais Etiópia e Eritreia entre 1270 e 1974, quando a monarquia foi deposta por um golpe de estado.

dito a verdade! Da Espanha e Portugal, navegando em direção ao oeste, só se demoram três semanas até chegar à China ou ao Japão e às proximidades das Ilhas das Especiarias? Então, se a Índia e seus tesouros estão à porta da Espanha, por que dar a volta pela África durante seis meses? Que tontice! A primeira coisa que faz a Espanha é apoderar-se, mediante uma bula papal, desse caminho até o oeste e até todos os países que restam por descobrir.

Ano 1493. Colombo, que agora já não é um *quidam*, mas um grande almirante de sua Majestade Real e vice-rei das províncias recém-descobertas, vai à Índia pela segunda vez. Leva com ele algumas cartas da rainha para o grande cã, a quem espera desta vez encontrar com certeza na China. Acompanham-no mil e quinhentos homens, guerreiros, marinheiros, povoadores e até músicos para *entretener a los autóctonos*. Além disso, leva grandes baús com ferragens para o ouro e as pedras preciosas que pretende trazer de Cipango e Calicute.

Ano 1497. Sebastião Caboto, outro navegador, atravessou o oceano partindo da Inglaterra. E, viva!, também chegou em terra firme. Por acaso se trata do velho "Vinland" dos vikings? Seria a China? Porém, de qualquer modo, é maravilhoso que se tenha vencido o oceano Atlântico, *el mare tenebroso*, e agora, pouco a pouco, há de entregar seus segredos aos valentes.

Ano 1499. Portugal irrompe em júbilo, causa sensação na Europa! Vasco da Gama regressou da Índia dobrando o perigoso cabo. Tinha escolhido outro caminho, o mais difícil, porém atracou em Calecute, onde estava o riquíssimo *samorim*[18], e não como Colombo, em pequenas ilhas e em remota terra firme. Ele viu o coração da Índia e seus tesouros. Na sequência, prepara-se uma nova expedição sob o comando de Cabral. Agora, Espanha e Portugal competem pela Índia.

Ano 1500. Há um novo acontecimento: ao dobrar o cabo africano, Cabral se desviou demasiadamente a oeste e deu outra vez com uma terra ao sul, como fizera Caboto no norte. Por acaso se trata da Antilha, a legendária Antilhas dos mapas antigos?

Ano 1502. São inúmeros os fatos para poder entender, compreender ou abarcá-los todos. Em apenas uma década houve mais descobrimentos que em todo o milênio anterior. Uma nau atrás de outra deixa o porto e todas regressam com novidades. Parece uma névoa enfeitiçada que subitamente se desgarrou: ao norte, ao sul, aonde quer que se direcione a quilha a oeste, em todas as partes há terras e ilhas. O almanaque com todos os santos já não tem nomes suficientes para batizá-las. Somente o almirante Colombo afirma ter descoberto umas mil e visto alguns rios que nascem no Paraíso. Porém, que coisa tão estranha!, por qual razão os antigos e os árabes ignoravam a existência dessas ilhas, desses locais tão extraordinários nas costas da Índia? Por que Marco Polo não os mencionou? E quão diferente é o que ele conta

18. Título dos soberanos do antigo Estado hindu de Calicute. [N. T.]

de Cipango e de Zaitum do que encontrou o almirante? Tudo aquilo é tão confuso, tão contraditório e cheio de enigmas que já não se sabe em que acreditar a respeito das ilhas a oeste. É verdade que já deram a volta ao mundo? É verdade, como diz, que Colombo esteve tão próximo de Ganges? Que, vindo do oeste, poderia ter se encontrado com Vasco da Gama, que avançava para leste? A redondez da Terra seria menor ou maior do que o que se pensava? Agora que os tipógrafos nos facilitaram o acesso aos livros, oxalá alguém se prestasse a nos explicar todos esses milagres! Os eruditos, os navegantes, os comerciantes, os duques aguardam com impaciência, bem como toda a Europa. Depois desses descobrimentos, a humanidade quer por fim saber o que se descobriu. Todos sentem que se realizou a proeza do século, porém ainda se carece de sentido e interpretação.

Trinta e duas páginas de imortalidade

Em 1503 aparecem quase simultaneamente nas mais diversas cidades – Paris, Florença, não se sabe em qual delas primeiro – uns folhetos impressos, entre quatro e seis no total, com o título *Mundus Novus*. Em pouco tempo se sabe que o autor desse trabalho escrito em latim é um tal de Albericus Vespucius ou Vesputios. Ele informa numa carta a Laurentius Petrus Franciscus de Medici sobre uma viagem que realizou, a mando do rei de Portugal, a alguns países até agora desconhecidos. Naquele momento esse tipo de relato epistolar sobre as viagens de exploração era relativamente frequente. Todas as importantes casas de comércio alemãs, holandesas e italianas, os Fugger, os Welser, os Médici, além da alta nobreza de Veneza, têm seus representantes em Lisboa e Sevilha que, com a finalidade de relacionamento comercial, os põem em contato com todas as empresas bem-sucedidas da Índia. Essas cartas dos adidos comerciais são muito solicitadas porque, na realidade, contêm segredos comerciais, além de cópias de mapas – os portulanos[19] – das costas recém-descobertas. Elas são colocadas à venda como objeto de valor. Às vezes uma dessas cópias cai em mãos de tipógrafos versados em

19. Que contêm todas as indicações técnicas dos portos para efeito de tráfego de navios. [N. T.]

negócios, que em seguida a multiplicam em sua prensa. Esses impressos significam para o grande público o que mais tarde seriam os jornais; por sua vontade de facilitar rapidamente o acesso às novidades interessantes, são vendidos nas feiras tal qual indulgências e receitas médicas. Os amigos os trocam mutuamente junto a uma carta ou a um pacote. Dessa forma, uma carta, originalmente de caráter privado de um feitor ao seu chefe, adquire às vezes a publicidade de um livro impresso.

Desde a primeira carta de Colombo em 1493, na qual anunciava sua chegada às ilhas próximas de Ganges, nenhum dos boletins da época causou tanta sensação geral nem tanta transcendência como os folhetos de um tal Albericus, de quem até agora não se havia ouvido falar.

O texto em si produz uma certa impressão. A carta, como a chamava seu autor, foi traduzida do italiano para o latim – *ex italica in latinam linguam* – "para que todos os eruditos se apercebessem de quantas coisas maravilhosas iam descobrir nesse mesmo dia" (*quam multa miranda in dies reperiantur*), "quantas terras até agora incógnitas encontrariam e quantas coisas alcançariam" (*cuanto a tanto tempore quo mundus cepit ignota cit vastitas terrea et quod continetur in ea*). Essa notificação a pratos e bumbos, por si só, é um bom atrativo para um mundo ávido por notícias. Portanto, o pequeno impresso provoca muitíssimo interesse. É reimpresso nas cidades mais longínquas; é traduzido para o alemão, o holandês, o francês, o italiano; é incluído em todas as coleções de relatos de viagens, que por então começam a ser publicados nos mais diversos idiomas. Trata-se de um marco, ou mesmo dos fundamentos da geografia moderna num mundo ainda ignorante.

O grande êxito do livrinho se compreende perfeitamente. Esse desconhecido Vespúcio é o primeiro de todos os navegantes que tem o dom de redigir bem e de forma divertida. Os demais, que se encontram nessas embarcações aventureiras, são rapinantes, soldados e marinheiros que nem sequer sabem assinar o nome. Quando muito, pedem a outro que escreva por eles, ou a um jurista chato que só sabe enumerar os feitos de maneira impassível, ou a um piloto que anota os graus de latitude e longitude. Assim foi que, ao final do século, o grande público ainda não havia se instruído sobre os descobrimentos naquelas terras longínquas. Então aparece um homem fidedigno e com erudição que não exagera nem inventa coisas, que informa corretamente como, no dia 14 de maio de 1501, a mando do rei de Portugal, sulcou o oceano por dois meses e dois dias sob um céu que estava tão escuro e tempestuoso que não se podia ver nem o sol nem a lua. Faz do leitor partícipe de todos os terríveis acontecimentos, conta como já tinham perdido toda a esperança de um desembarque feliz, posto que as naus carcomidas pelo caruncho já faziam água. Graças à sua habilidade de cosmógrafo, avistaram, por fim, no dia 7 de agosto de 1501 – as datas não são sempre as mesmas nos diferentes relatos, porém não resta senão acostumar-se às impressões desse homem erudito –, "terra, terra da promissão!". Ali o homem não tem que trabalhar nem se esfalfar. As árvores não precisam de cultivo, dão frutos em abundância, os rios e os mananciais têm água pura e cristalina, o mar está repleto de peixes e a terra, incrivelmente frutífera e transbordante de saborosos frutos totalmente desconhecidos. Frescas brisas sopram nessas terras exuberantes e os bosques fartos fazem com que os dias mais calorosos se tornem agradáveis. Há milhares de animais e pássaros que Ptolomeu não tinha a menor ideia. Os indígenas vivem em estado de inocência absoluta. Têm a pele de cor avermelhada devido ao fato, segundo o viajante, de viverem nus desde que nascem até a morte, de maneira que o sol tosta sua pele. Não possuem roupas, nem joias, nem propriedade alguma. O que existe é de todos, inclusive as mulheres, sobre cuja sensualidade o sempre complacente erudito conta anedotas bastante picantes. A essas criaturas da natureza, a vergonha e o dever moral são completamente alheios. O pai dorme com a filha, o irmão com a irmã, o filho com a mãe. Não há complexo de Édipo nem escrúpulos, no entanto, alcançam a idade de 150 anos, a não ser que – e esta é a única característica desagradável – antes se devorem uns aos outros como canibais. Em outras palavras, "se há um paraíso terrestre em algum lugar, não pode estar muito longe daqui". Antes que Vesputius se despeça do Brasil – porque ali existe o paraíso a que se refere –, se expande sobre a beleza das estrelas, que resplandecem em constelações e signos diferentes neste Hemisfério bendito, e promete seguir contando mais adiante coisas desta e de outras viagens num livro "para que sua lembrança siga viva na posteridade" (*ut mei recordatio apud posteros vivat*), e que "seja conhecida a milagrosa obra de Deus também nesta parte da Terra desconhecida até agora".

Não é difícil entender a sensação que causou esse vívido relato entre seus contemporâneos. Vespúcio não apenas estimula e satisfaz a curiosidade por aquelas regiões desconhecidas, como ainda toca inconscientemente numa das esperanças mais misteriosas da época ao dizer que, "se há um paraíso terrestre em algum lugar, não pode estar muito longe daqui". Há tempos os padres da Igreja, especialmente os teólogos gregos, haviam formulado a tese de que, depois do pecado de Adão, de algum modo Deus havia destruído o Paraíso. Só o havia transportado ao *anticton*[20], a ponta oposta da Terra, um espaço inacessível para o homem. Segundo a teologia mística, esse *anticton* deveria estar localizado além do Oceano, quer dizer, do outro lado de uma região intransponível para os mortais. Porém, agora que, graças à sua audácia, os descobridores cruzaram o Oceano inacessível até então, alcançando o hemisfério de outras estrelas, por acaso não poderia realizar-se o velho sonho da humanidade de recuperar o Paraíso? Assim, pois, é natural que o relato

20. Termo pelo qual o pitagórico Filolau designava, no sistema cósmico a ele atribuído, um planeta imaginário colocado entre a Terra e o "fogo central", o centro do Universo. [N. T.]

de Vespúcio sobre aquele mundo inocente, que estranhamente tinha muita semelhança com o mundo antes do pecado original, emocionasse as pessoas numa época como a nossa, em que se vivia em meio a catástrofes. Na Alemanha, se inicia o levante dos camponeses porque já não aguentam a servidão feudal; na Espanha, quem manda é a Inquisição, que nem sequer deixa em paz a pessoa mais confiável; a Itália e a França são devastadas pelas guerras. Cansadas dessa angústia diária e pela repugnância daquele mundo sobre-excitado, milhares e milhares de pessoas buscam refúgio em conventos e monastérios. Não há calma nem descanso nem paz para o "homem a pé", que só pretende viver sossegadamente sem ser molestado. E de repente chega a notícia, passando de cidade em cidade, escrita em pequenos volumes: um homem fidedigno, nenhum farsante, nenhum Simbad, nenhum mentiroso, mas um homem instruído, enviado pelo rei de Portugal, que havia descoberto um país muito mais além de todas as regiões conhecidas, onde reinava a paz entre os homens. Um país onde as almas não se destroem na luta pelo dinheiro, a propriedade e o poder. Um país em que não se conhecem príncipes, reis, sanguessugas e chefes de benefícios pessoais, onde não há que se matar trabalhando pelo pão de cada dia, onde a terra alimenta com complacência os homens e onde o homem não é inimigo do homem. Com seu relato, Vespúcio, esse desconhecido, desata uma antiga esperança religiosa, uma esperança messiânica – chegou ao mais profundo anseio da humanidade, ao sonho de libertação da moral, do dinheiro, da lei e da propriedade. Chegou àquele desejo insaciável de alcançar uma vida sem fadiga, sem responsabilidades, que jaz guardada na alma de todo ser humano como uma vaga recordação do paraíso.

Ao que parece, essa estranha circunstância deve ter sido o ideal para que esses poucos folhetos, pequenos e mal impressos, tivessem um efeito histórico muito maior que todos os demais relatos, inclusive os de Colombo. Porém, a fama e o significado histórico mundial daqueles insignificantes papeluchos não se devem ao conteúdo nem à sua tensão de ânimo. O êxito propriamente dito da carta não é, curiosamente, a carta em si, senão seu título, as duas palavras, as quatro sílabas – *Mundus Novus* – que provocaram uma revolução sem precedentes no modo de contemplar o cosmos. Até agora, para a Europa, o grande acontecimento geográfico da época havia sido que a Índia, o país dos tesouros e das especiarias, fora alcançada por dois caminhos distintos ao término de uma década: por Vasco da Gama, que havia navegado para leste dobrando a África, e por Cristóvão Colombo, indo a oeste e cruzando o Oceano intransponível até então. As pessoas admiravam os tesouros que Vasco da Gama trouxera de regresso aos palácios de Calicute e tinham curiosidade em saber de todas aquelas ilhas que, segundo o grande almirante do rei da Espanha, Cristóvão Colombo, se localizavam diante da costa da China. Isto é, segundo a sua extática afirmação de que havia pisado também no país do grande cã descrito por Marco Polo. Assim, pois, parecia que se tinha dado a volta ao mundo: por ambos os caminhos se havia chegado à Índia, que durante mil anos estivera inacessível.

Porém agora chega outro navegante, aquele homem diferente chamado Albericus, que anuncia algo muito mais assombroso. Afirma que em sua viagem até o oeste não chegou à Índia, mas, sim, a um novo país, completamente desconhecido, situado entre a Ásia e a Europa. Vespúcio escreve textualmente que se pode chamar tranquilamente de Novo Mundo aquelas regiões que ele descobriu a mando do rei de Portugal – *Novum Mundum appellare licet* – e defende sua opinião com abundantes razões: "Porque nenhum dos nossos antepassados conhecia aqueles países que vimos, nem sabia o que há neles. Nossos conhecimentos vão muito mais além que os seus. A maioria deles acreditava que não havia terra firme ao sul do Equador, apenas um mar infinito a que chamaram de Atlântico. Até aqueles que admitiam ali a possível existência de um continente por diversas razões defendiam a ideia de que era inabitável. Com minha viagem, demonstrei que se trata de uma opinião absurda, que se opõe radicalmente à verdade, posto que encontrei um continente ao sul da linha equatorial onde há alguns vales muito mais povoados por homens e animais que na Europa, Ásia e África, e que, além de tudo, possui um clima mais agradável e suave que os outros continentes que conhecemos".

Tais palavras, poucas porém decisivas, convertem o *Mundus Novus* num documento memorável para a humanidade. Representa a primeira declaração de independência da América elaborada 270 anos antes que a outra. Colombo, que até a hora de sua morte vive a ilusão de ter chegado à Índia ao pôr os pés na Ilha de Guanahani e em Cuba, faz com que de fato o Cosmos se apresente menor aos seus contemporâneos. Quando Vespúcio invalida a hipótese de que esse novo continente seja a Índia afirmando de um modo claro e rigoroso que se trata de um Novo Mundo, introduz, por sua vez, uma nova medida válida até nossos dias. Rompe com a cegueira que impediu ao grande descobridor ver sua proeza com clareza; e ainda que não suspeite, nem de longe, as dimensões desse continente, conhece pelo menos a autonomia da parte meridional. Nesse sentido, Vespúcio conclui realmente o descobrimento da América, posto que todos os descobrimentos, todos os inventos não apenas são valorizados por aqueles que os fazem como também incrementam o valor para aqueles que reconhecem seu sentido e eficácia. Se Colombo tem o mérito da ação, Vespúcio tem o mérito histórico da interpretação por aquelas suas palavras. Tal qual um intérprete de sonhos, ele nos fez ver o que seu precursor encontrou em estado sonâmbulo.

A surpresa causada pela notícia de Vespúcio, até então completamente desconhecido, é imensa. Influi na consciência geral da época mais profunda e duradouramente que o descobrimento do genovês. Que havia encontrado um novo caminho para a Índia, que era possível chegar a partir da Espanha pelo mar àqueles países descritos por Marco Polo há muito tempo, só chamara a atenção de um grupo reduzido, diretamente interessado do ponto de vista comercial no descobrimento: os comerciantes, os mercadores de Antuérpia, de Augsburgo e de Veneza. Estes, com muito empenho, já começavam a fazer seus cálculos para averiguar qual dos caminhos seria mais econômico – o de Vasco da Gama pelo Oriente ou o de Colombo pelo Ocidente – para transportar as especiarias, a pimenta e a canela. Mas a notícia desse Alberico, de que havia encontrado uma parte nova do mundo em meio ao Oceano, atua com força irresistível sobre a imaginação das massas. Por acaso se trata da fabulosa Atlântida dos antigos? Ou das Ilhas Afortunadas, as pacíficas? Cresce milagrosamente o amor próprio da época pela sensação de que a terra é maior e introduz mais assombro do que os homens mais sábios da Antiguidade haviam suspeitado – e que a eles, os dessa geração, se reserva o direito de revelar os últimos mistérios do globo terrestre. Não é difícil entender quão impacientemente os eruditos, os geógrafos, os cosmógrafos, os tipógrafos e a multidão de leitores aguardam o dia em que aquele desconhecido Albericus cumpra sua promessa de contar mais de suas investigações e viagens que, pela primeira vez, instruem o mundo e a humanidade sobre as dimensões do globo terrestre.

Os impacientes não devem esperar por muito tempo. Dois ou três anos depois, um tipógrafo de Florença, que por algum bom motivo esconde seu nome – mais adiante saberemos por quê –, publica um pequeno livro de dezesseis páginas em língua italiana com o título de *Lettera di Amerigo Vespucci delle isole nuavamente trovate in quattro suoi viaggi* ("Carta de Américo Vespúcio sobre as ilhas encontradas em quatro de suas viagens"). Ao final desse opúsculo encontramos a data: *Data in Lisbona a di 4 septembre 1504. Servitore Amerigo Vespucci in Lisbona.*

Só pelo título o mundo sabe, por fim, algo mais sobre aquele homem misterioso. Primeiro que se chama Américo Vespúcio, e não Albericus Vesputius. A introdução dirigida a um ilustre senhor nos revela outros dados fundamentais. Vespúcio diz ter nascido em Florença e afirma ter ido à Espanha na qualidade de viajante (*per tractare mercantie*). Foram quatro anos no exercício dessa profissão. Durante esse tempo se precaveu da instabilidade da fortuna "que reparte mal os seus efêmeros e instáveis bens, que um dia eleva um homem para derrubá-lo no dia seguinte". Porém, ao mesmo tempo que pôde observar os perigos e desgostos dessa caça pela ganância, decidiu abandonar o comércio propondo-se uma meta mais sublime e honesta: a de ver a parte do mundo e suas maravilhas (*mi disposi d'andare a vedere parte del mondo e le sue meraviglie*). Decidiu-se numa boa ocasião, uma vez que o rei de Castela havia equipado quatro naus para descobrir novas terras ao Ocidente, e ele foi aceito para tomar parte da expedição (*per aiutare a discoprire*). Porém, Vespúcio não fala apenas dessa primeira viagem, mas inclui as três restantes (entre elas, a que também descreve o *Mundus Novus*), isto é, que ele empreendeu, e a cronologia é importante:

- uma primeira viagem, de 16 de maio de 1497 a 15 de outubro de 1498, sob bandeira espanhola;
- uma segunda, de 16 de maio de 1499 a 8 de setembro de 1500, também a cargo do rei de Castela;
- a terceira (*Mundus Novus*), de 10 de maio de 1501 a 15 de outubro de 1502, sob o pavilhão português;
- e a quarta, de 10 de maio de 1503 a 18 de junho de 1504, também para os portugueses.

Com essas quatro viagens, o desconhecido comerciante se converteu num dos grandes navegadores e descobridores de sua época.

Na primeira edição da *Lettera*, da carta, não havia menção alguma a quem era dirigida; só nas seguintes diz que era para o *gonfaloniere*[21] Piero Soderini, o governador de Florença, porém ainda falta documentação válida para a comprovação. Logo encontraremos outros pontos obscuros na produção literária de Vespúcio. Todavia, com exceção de algumas fórmulas de cortesia no começo, a forma de redação é bastante fluida, divertida e tão variada como o *Mundus Novus*. Vespúcio não só apresenta novos detalhes sobre a "vida epicúrea" daqueles povos desconhecidos como ainda descreve os combates,

21. *Gonfaloniere di compagnia* era o magistrado guardião dos selos, bandeiras e outras insígnias civis e militares (*gonfalone*), comandando milícias populares organizadas de acordo com as áreas da cidade. [N. T.]

os naufrágios e os episódios dramáticos com os canibais e as serpentes gigantes. Graças a ele, muitos animais e objetos (como o *hammock*, a rede de dormir) aparecem pela primeira vez na história da civilização. Os geógrafos, os astrônomos, os comerciantes encontram ali valiosas informações; os eruditos, uma série de teses sobre as quais debater e explanar; e o grande público também pode ficar bastante satisfeito com a leitura. No final, Vespúcio novamente promete uma grande obra propriamente dita sobre aqueles novos mundos, que pretende escrever em sua cidade natal tão logo tenha se retirado à vida privada.

Mas a obra nunca veio à luz, bem como os diários de Vespúcio nunca chegaram até nós. Trinta e duas páginas (das quais a terceira viagem só representa uma variante do *Mundus Novus*) compreendem toda a produção literária de Américo Vespúcio, uma bagagem pequena e de pouco peso para o caminho da imortalidade. Sem exagerar, poderíamos dizer que nunca jamais um escritor se tornou famoso com uma obra de tão curta extensão. Uma casualidade atrás da outra, um erro atrás do outro teriam que passar para que se colocasse em tanta altura sobre sua época e que ainda a nossa há de recordar aquele homem que com a bandeira estrelada se eleva até as estrelas.

A primeira casualidade e, por sua vez, o primeiro erro logo aparecem, no sentido mais amplo da palavra, nessas 32 exíguas páginas. Em 1504, um engenhoso tipógrafo italiano já tinha tido o olfato apurado para saber que o tempo seria favorável à publicação de coleções de relatos de viagens. Albertino Vercellese de Veneza é o primeiro que reúne num pequeno volume todos os relatos de viagens aos quais tem acesso. Aquele *Libretto de tutta la navigazione del Rè de Spagna e terreni novamente trovatti*, que contém as relações de Cadamosto, Vasco da Gama e a primeira empreitada de Colombo, tem tal alto índice de vendas que, em 1507, um tipógrafo de Vicenza decide publicar uma antologia mais volumosa (126 páginas), que engloba as expedições portuguesas de Cadamosto, Vasco da Gama, Cabral, as três primeiras viagens de Colombo e o *Mundus Novus* de Vespúcio. Desgraçadamente, não lhe ocorre nada melhor do que intitular a obra de *Mondo Novo e paesi nuovamente retrovati da Alverico Vesputio florentino* ("Novo Mundo e novas terras encontradas por Alberico Vespúcio de Florença"). E com isso começa uma grande comédia de confusões. Porque aquele título é perigosamente ambíguo. É fácil pensar agora não apenas que Vespúcio dá o nome de *Mundus Novus* às novas terras, mas também que essas novas terras foram descobertas por ele. Com apenas uma rápida olhada na capa, inevitavelmente se cai no erro. O livro, reimpresso muitíssimas vezes, passa por milhares de mãos e divulga com perigosa rapidez a notícia errônea de que Vespúcio é o descobridor daquelas novas terras. A mera casualidade de que um tipógrafo inocente de Vicenza escreva o nome de Vespúcio em lugar de Colombo na capa de sua antologia outorga a Vespúcio, que tampouco suspeita de nada, uma fama da qual também não sabe de nada e, sem que ele quisesse ou soubesse, o converte em usurpador do mérito alheio.

Importante dizer que esse erro sozinho não teria sido suficiente para o transcendental alcance através dos séculos. Porém, não é mais do que o primeiro ato ou, melhor dizendo, o começo de uma comédia de confusões. As casualidades têm que seguir encadeando-se laboriosamente, antes que esse fantasma enganador seja descoberto. E, coisa estranha, justamente agora que Vespúcio termina sua obra literária, com poucas 32 páginas, começa sua ascensão à imortalidade, talvez o mais grotesco que jamais tenha conhecido a história da fama. E começa em outra parte do mundo, num lugar onde Vespúcio nunca colocou seus pés e, provavelmente, de cuja existência o comerciante marinho não tivesse a menor ideia: a pequena cidade de Saint-Dié.

Um mundo recebe seu nome

Ele, que nunca tinha ouvido falar da pequena cidade de Saint-Dié, não tem de se envergonhar nem um pouco pela falta de conhecimentos geográficos. Até mesmo os sábios demoraram mais de dois séculos para averiguar onde, no fundo, se encontrava esta *Sancti Deodati oppidum* que influiu tão decisivamente na definição do nome de América. Escondido nos Vosges[22] e pertencente ao ducado de Lorena, desaparecido há tempos, essa pequena localidade não podia ter mérito algum para atrair a curiosidade do mundo. O então soberano Renato II, tal qual seu ilustre avô *le bon roi René*[23], leva efetivamente os títulos de rei de Jerusalém e da Sicília, além de conde de Provença, porém não é mais do que duque desse pequeno pedaço de terra que governa honradamente, com muito amor à arte e às ciências. O estranho é que – e pelo visto a história ama o jogo das pequenas analogias – na pequena cidade já havia sido publicado um livro que influenciou o descobrimento da América; foi justamente ali que o bispo de Ailly escreveu a obra chamada *Imago Mundi*. Por sua vez, foi a carta de Toscanelli que deu o impulso decisivo para que Colombo buscasse o caminho para as Índias na direção oeste. Até sua morte, essa obra

22. Cordilheira dos Vosges ou maciço dos Vosges é um sistema montanhoso no noroeste da França. [N. T.]
23. Renato é a grafia aportuguesada do francês René. [N. T.]

acompanhou o almirante em todas as suas viagens, e esse exemplar, que se conserva até hoje, contém muitas anotações de seu próprio punho e letra. Assim, não se pode negar uma certa relação pré-colombiana entre América e Saint-Dié. Porém, somente sob o reinado do duque Renato se produzirá aquele estranho acontecimento (o erro) ao qual a América deve seu nome. Sob o protetorado de Renato II (pelo visto, também com seu apoio econômico) se juntam nessa cidade diminuta de Saint-Dié alguns humanistas para formar uma espécie de colégio chamado *Gymnasium Vosgianum*, com a finalidade de ensinar ou divulgar a ciência por meio da impressão de livros valiosos. Nessa pequena academia se reúnem leigos e sacerdotes com a finalidade de cooperação cultural. Porém, provavelmente nunca se conheceriam essas discussões eruditas se, por volta de 1507, um tipógrafo chamado Vautrin Lud não tivesse decidido instalar ali uma tipografia para imprimir livros. O fato é que ele elegeu um bom lugar porque, graças a essa pequena academia, Vautrin Lud teve à mão as pessoas adequadas: editores, tradutores, revisores e ilustradores. Ademais, Estrasburgo, com sua universidade e seus bons ajudantes, não estava longe. E com o generoso duque atuando como patrocinador, prestando seu apoio, nessa pequena cidade retirada do mundo, alguém pode se atrever a uma obra de maior calibre.

Mas que tipo de obra? Há anos e anos os descobrimentos ampliam os conhecimentos sobre o mundo e a geografia ocupa toda a curiosidade da época. Até agora só existia um livro clássico de geografia, a *Cosmografia* de Ptolomeu, cujas explicações e mapas eram considerados pelos eruditos europeus imbatíveis e perfeitos desde há séculos. Desde 1475 uma tradução para o latim havia posto ao alcance de todos os eruditos esse código geral da cosmografia tornado imprescindível: o que afirmava Ptolomeu, o que expunha em seus mapas, se considerava demonstrado em virtude da autoridade de seu nome. Porém, justamente nesses 25 anos o conhecimento do cosmos se ampliou mais que nos séculos anteriores e aquele sábio, que durante um milênio conhecia mais que todos os cosmógrafos e geógrafos, de repente, foi desmentido e superado por alguns navegadores e aventureiros audaciosos. Quem agora voltar a publicar a *Cosmografia* terá de corrigi-la e completá-la; introduzir nos mapas antigos as costas e as novas ilhas descobertas a oeste. A experiência tem que retificar a tradição. Com todo o respeito devido à obra clássica, a humilde correção terá que outorgar uma nova fiabilidade, se quiser continuar a considerar Ptolomeu como o sábio dos sábios e sua obra, indiscutível. A ninguém antes que Vautrin Lud ocorreu completar a obra incompleta. É uma tarefa de grande responsabilidade, mas, ao mesmo tempo, exitosa para um grupo de pessoas dispostas a trabalhar conjuntamente.

Vautrin Lud, que não é apenas um simples tipógrafo, mas também, na qualidade de secretário do duque e capelão, uma pessoa culta e tranquila, deve ter examinado seu pequeno grupo e reconhecido que não poderia ter encontrado melhor constelação. Para desenhar e gravar mapas, tem à disposição um excelente matemático e geógrafo, um jovem chamado Martin Waldseemüller, que, segundo o uso da época, traduz do grego sob o pseudônimo Hylacomylus. Com 27 anos e estudante da Universidade de Freiburg, une ao frescor e à audácia da juventude os bons conhecimentos e um grande talento para os desenhos que, durante muitas décadas, asseguram a seus mapas um lugar preferencial na história da cartografia. Também se oferece um jovem poeta, Matthias Ringmann, que se chamará Philesius, capaz de prefaciar uma obra com epístola poética e polir com elegância os textos latinos. Tampouco faltará o tradutor adequado: encontram-no na pessoa de Jean Basin, que, como bom humanista, não apenas conhece as línguas antigas como também as modernas. Com uma agremiação de pessoas tão instruídas, pode-se empreender a revisão da famosa obra com toda tranquilidade. Porém, onde buscar as bases para a descrição das regiões recém-descobertas? Por acaso não foi aquele Vespúcio quem mencionou o "mundo novo"? Ao quc parece, foi Matthias Ringmann quem publicara, em 1505, em Estrasburgo, o *Mundus Novus* com o título *De Ora Antarctica*. Foi ele quem aconselhou incluir como suplemento natural à obra de Ptolomeu em língua latina a *Lettera* italiana ainda desconhecida na Alemanha.

Teria sido um começo honrado e digno de gratidão, porém, a vaidade dos editores lança uma carga pesada sobre Vespúcio e, assim, surge o segundo nó górdio que a posterioridade utilizará contra o desavisado. Em lugar de dizer com toda a franqueza a verdade – ou seja, dizer que haviam traduzido diretamente do italiano para o latim a *Lettera*, com os relatos de Vespúcio de suas quatro viagens, tal como haviam sido publicados em Florença –, os humanistas de Saint-Dié criam uma história novelesca, seja para dar importância à sua publicação, seja para honrar, em especial e antes de todos, seu mecenas, o duque Renato. Fazem crer ao público que Américo Vespúcio, o descobridor daquelas novas terras, aquele mui célebre cartógrafo, é um particular amigo e admirador do duque e que havia enviado a *Lettera* diretamente a este, em Lorraine[24], e que essa edição era a primeira publicação. Que homenagem maior para o duque! O sábio mais ilustre da época, um homem eminente, envia o relato de suas viagens apenas ao rei da Espanha e a este régulo. Para manter a piedosa ficção, modifica-se a dedicatória à *Magnificenza* italiana, de modo que vá dirigida ao *illustrissimus rex Renatus*. E para apagar qualquer dado revelador de que não se trata de nada mais que a tradução de um original italiano publicado há tempos, se inclui uma nota dizendo que Vespúcio havia enviado a obra em língua francesa, e que Johannes Basinus (Jean Basin), *insignis poeta*, a havia traduzido do francês, *ex gallico*, para um latim elegante (*qua pollet elegantia latina interpretavit*). Vista de

24. Lorraine, Lorena, é a região onde estava Saint-Dié. [N. T.]

perto, essa impostura baseada na ambição se mostra de maneira transparente porque o *insignis poeta* trabalhou demasiadamente depressa para fazer desaparecer todas as passagens que davam a entender a origem italiana do texto. Faz com que Vespúcio conte coisas ao rei Renato de Lorena que, em suma, teriam interessado a Médici ou Sonderini, como, por exemplo, que os dois estudaram juntos em Florença com seu tio Antônio Vespúcio; ou ao se referir a Dante como *nostro* poeta, o que, evidentemente, só se explicaria se um italiano escrevesse a outro. Mas passarão séculos até que se descubra o engano de que Vespúcio tem tão pouca culpa quanto os demais. E em centenas de obras (inclusive em nossos dias) considera-se que esses quatro relatos de viagem são dirigidos realmente ao duque de Lorena; toda a glória e toda a ignomínia de Vespúcio se erguem sobre o fundamento daquele livro impresso, sem que ele soubesse, num rincão dos Vosges.

Porém, isso tudo são tramas e práticas comerciais ignoradas naquela época. Os livreiros, os eruditos, os duques, os comerciantes só veem aparecer num belo dia de feira de 25 de abril de 1507 uma obra de 52 páginas com o título *Cosmographiae introductio: Cum quibusdam geometriae ac astronomiae principiis ad eam rem necessariis. Insuper quatuor Americi Vespuccii navigationes. Universales cosmographiae descriptio tam in solido quam plano eis etiam insertis quae in Tolomeo ignota a nuperis reperta sunt* ("Introdução à cosmografia com os princípios de geometria e de astronomia a ela necessários. Ademais, as quatro viagens de Américo Vespúcio, bem como uma descrição [mapa] do cosmos, tanto em forma plana como na do globo, de todas as partes ignoradas por Ptolomeu, que foram descobertas há pouco tempo").

Aquele que abrir esse pequeno livro terá que aguentar primeiro a vaidade poética dos editores, que fazem ostentação de seu talento poético. Um breve poema em latim de Matthias Ringmann dedicado ao imperador Maximiliano e um prólogo de Waldseemüller Hylacomylus dirigido também ao imperador a cujos pés coloca-se a obra. Só depois de satisfeita a vaidade dos dois humanistas começa o texto erudito de Ptolomeu, em cuja continuação, depois de uma breve nota, seguem-se as quatro viagens de Vespúcio.

Com esta publicação em Saint-Dié, o nome de Américo Vespúcio volta a subir muitos degraus, mas ainda não alcança o cume da glória. Na capa da antologia italiana *Paesi nuovamente retrovati* seu nome figura ainda de maneira ambígua como descobridor do "Novo Mundo". E no texto, suas viagens aparecem com a mesma importância de Colombo e de outros navegadores. Na *Cosmographiae Introductio*, o nome de Colombo já nem sequer é mencionado – talvez uma casualidade devida à ignorância dos humanistas dos Vosges –, que resulta, porém, numa casualidade fatal, posto que toda a glória, todo o mérito do descobrimento recaem inteiramente em Vespúcio, e só em Vespúcio. No segundo capítulo, na descrição do mundo conhecido por Ptolomeu, se diz que, ainda que as dimensões dele tenham sido estendidas por outros, somente agora foram realmente dadas a conhecer à humanidade por Américo Vespúcio (*nuper vero ab Americo Vesputio latius illustratam*). No capítulo de número cinco, Vespúcio é reconhecido de maneira expressa como descobridor dessas terras novas *et maxima pars Terrea semper incognitae nuper ab Americo Vesputio repertae*. E, de repente, no sétimo capítulo, aparece pela primeira vez aquela proposta que será determinante para os séculos vindouros: ao mencionar a quarta parte do mundo, *quarta orbis pars*, Waldseemüller inclui, de maneira pessoal, *quam quia Americus invenit Amerigem quasi Americi terram, sive Americam nuncupare licet*, isto é, "posto que foi descoberta por Américo Vespúcio, poderia chamar-se dali por diante terra de Américo ou América".

De fato, estas três linhas são a verdadeira partida para o batismo da América. Naquela página *in-quarto* consta pela primeira vez o nome em letras moldadas e reproduzidas por meio de impressão. Se o dia 12 de outubro de 1492 – quando Colombo avista a partir da cobertura da *Santa Maria* o esplendor da Ilha de Guanahani – é considerado o dia do nascimento do Novo Continente, 25 de abril de 1507, dia em que *Cosmographiae Introductio* sai do prelo, há de ser considerado o dia de seu batismo. Bem, é certo que se trata de apenas uma proposta de um desconhecido humanista de 27 anos numa pequena e remota cidade. Porém, ele está tão encantado com a ideia que a repete com mais insistência. No capítulo nono, Waldseemüller dedica todo um parágrafo a essa sugestão. Hoje em dia, essas partes do mundo (Europa, África e Ásia) já foram exploradas por completo, mas uma quarta parte do mundo foi descoberta por Américo Vespúcio. Como Europa e Ásia receberam nomes de mulheres, ele não vê inconveniente algum em chamar essa nova região de Américo, terra de Américo ou América, em honra ao homem sábio que a descobriu. Ou, com suas próprias palavras latinas: *Nunc vero et hae partes sunt latius lustratae et alia quarta pars per Americum Vesputium (ut in sequentibus audietur) inventa, quam non video cur quis iure vetet ab Americo inventore sagaces ingenii viro Amerigem quasi Americi terram sive Americam dicedam; cum et Europa et Asia a mulieribus sua sortita sunt nomina.* Ao mesmo tempo, Waldseemüller imprime a palavra AMERICA na margem do parágrafo e a faz figurar também no mapa que vai junto com a obra. A partir daquele momento, Américo Vespúcio, homem mortal, tem, sem suspeitar de nada, a cabeça rodeada pela auréola da imortalidade. A partir daquele momento, América era chamada pela vez primeira de América, e assim se chamará para sempre.

"Mas isso é um absurdo", se indignaria, talvez, um leitor exaltado. "Como é possível que esse geógrafo provinciano de 27 anos se atreva a atribuir a glória de que todo um continente leve o nome de um homem que jamais descobriu a América e que, em suma, apenas redigiu um informe de 32 páginas bastante suspeito?" Porém, essa indignação é anacrônica, não foi pensada a partir da perspectiva histórica, mas de um ponto de vista atual. Hoje em dia, os contemporâneos cometem instintivamente o erro, ao pronunciar a palavra "América", de pensar, sem querer, nesse continente poderoso que vai desde o Alasca até a Patagônia. Em 1507, nem o bom Waldseemüller nem qualquer outro mortal tinha a menor ideia da extensão do *Mundus Novus* recém-descoberto. Basta dar uma olhada nos mapas do princípio do século XVI para saber o que a cosmografia da época entendia mais ou menos sob o conceito *Mundus Novus*. Em meio a uma vasta área obscura que é o Oceano flutuam alguns pedaços de terra mordiscados só nas bordas pela curiosidade dos descobridores. O pequeno pedacinho do norte da América onde aterrizaram Caboto e Corte-Real é tão próximo da Ásia que, segundo as ideias de então, se levariam poucas horas para fazer o percurso entre Boston e Pequim. A Flórida era representada como uma grande ilha localizada ao lado de Cuba e Haiti. E no lugar do istmo do Panamá, que une a América do Norte à América do Sul, aparece um mar imenso. Ao sul daquilo que está traçado aparece uma nova terra desconhecida (o atual Brasil), como uma grande ilha arredondada, semelhante à Austrália: nos mapas constam os nomes de *Terra Sanctae Crucis* ou *Mundus Novas* ou Terra dos Papagaios – todos nomes incômodos, pouco práticos para uma nova terra. É verdade que Vespúcio não a descobriu primeiro – coisa que por certo

Waldseemüller ignora –, mas foi o primeiro a descrevê-la e levar o seu conhecimento à Europa. Dessa forma, dar o nome de América apenas segue um velho costume. As ilhas Bermudas devem o nome a Juan Bermudez, Tasmânia a Tasman, Fernando Pó a Fernão do Pó. Por que não chamar o Novo Mundo com o nome daquele que o apresentou? Trata-se de um gesto amável de agradecimento diante de um erudito que foi o primeiro (e esse é o mérito histórico de Vespúcio) a defender a tese de que a terra recém-descoberta não pertencia a Ásia, mas sim que, *quartam pars mundi*, representava uma parte nova do mundo. Com essa designação feita de boa-fé, Waldseemüller vai atribuir a Vespúcio não somente a suposta ilha de *Terra Sanctae Crucis*, mas todo um continente desde a Ilha de Labrador até a Patagônia e, dessa forma, priva Colombo, o verdadeiro descobridor desse continente, de sua propriedade – bem, de tudo isso Waldseemüller não tinha a mais remota ideia. E como suspeitar algo se nem sequer Colombo sabia e jura e perjura que Cuba é a China, e Haiti é o Japão? Essa denominação de América é um novo fio de erro que se enreda num novelo já bastante enredado. Tudo o que se abordou com a melhor intenção sobre o "problema Vespúcio" levou a um novo vazio, o que tornou ainda mais difícil a solução.

De fato, só é devido a um mal-entendido que a América se chama América e, além disso, a um mal-entendido duplo. Porque se Jean Basin, o *insigni poetae*, tivesse querido traduzir para o latim o nome Amerigo por Albericus em lugar de Americus, como os demais, hoje em dia Nova York e Washington estariam em Albérica, em lugar de América. No entanto, agora o nome se compõe pela primeira vez de sete letras fundidas, que formam uma palavra para sempre, jamais passando de livro em livro, de boca em boca sem poder contê-la ou esquecê-la. A nova palavra existe e subsiste não apenas pela casual proposta de Waldseemüller, nem pela lógica ou a falta dela, nem com razão ou sem ela, mas por uma força fonética inerente. América – a palavra começa e termina com a vogal mais sonora de nossa língua, incluindo-se as outras com variação. Serve para uma exclamação entusiasta, é fácil lembrá-la, é uma palavra vigorosa, plena, varonil, idônea para um jovem país, para um povo forte com grande elã. Com seu erro histórico, o pequeno geógrafo criou sem querer algo inteligente ao designar o mundo emergido do obscurantismo com uma palavra irmã de Ásia, Europa e África.

É uma palavra conquistadora. É uma palavra potente que expulsa impetuosamente todas as demais denominações. Poucos anos após sua publicação na *Cosmographiae Introductio* são removidos dos livros e dos mapas-múndi os nomes de *Terra dos Papagaios*, *Ilha de Santa Cruz*, *Brasil* e *Indias Occidentales*. Uma palavra conquistadora, de ano em ano se estende mais, mil vezes, 100 mil vezes mais do que imaginaria o bom Martin Waldseemüller. Em 1507, "América" só designa a costa norte do Brasil; o sul, incluída a Argentina, se chama, todavia, *Brasilia Inferior.* Se (no sentido de Waldseemüller) apenas a costa descrita primeiro por Vespúcio e todo o Brasil tivessem recebido o nome de Américo, ninguém o teria culpado por um erro. Mas ao cabo de poucos anos o nome "América" se estendeu por toda a costa brasileira e apoderou-se também da Argentina e do Chile, isto é, regiões que o florentino nunca alcançou nem viu. Tudo o que se descobre à mão direita e esquerda, acima e abaixo da linha equatorial, se converte em terra de Vespúcio. Finalmente, uns quinze anos depois da publicação do livro de Waldseemüller, o nome de América se aplica a toda a América do Sul. Todos os grandes cartógrafos – Simon Greyneus em sua *Orbis Novas* e Sebastian Münster em seus mapas-múndi – acataram a vontade do pequeno mestre de Saint-Dié. Porém, o triunfo não está completo – a grandiosa comédia de confusões se adianta.

Nos mapas, a América do Norte ainda figura como um mundo à parte, separado da América do Sul e atribuído à Ásia devido à incorreção da época, separado do continente de Américo por um istmo imaginário. Porém, finalmente a ciência compreende que esse continente é uma unidade, desde um mar glacial até outro mar glacial, que lhe corresponde um só nome para designar o conjunto, e, então, a palavra orgulhosa e invencível se levanta poderosamente. Esse bastardo, produto de um erro e de uma verdade, se apodera do imemorial butim. Em 1515, o cartógrafo Johannes Schöner de Nuremberg, num pequeno texto escrito que acompanha seu globo, publicamente dá por fato que *Americam sive Amerigem es novum Mundum et quartam orbis*, é a quarta parte do mundo. E, em 1538, Mercator, o rei dos cartógrafos, traça, em nosso sentido, todo o continente como um conjunto em seu mapa-múndi – e escreve o nome de América em ambas as partes, *AME* a do norte, *RICA* a do sul. Desde então não há palavra que valha mais do que essa. Em trinta anos, Vespúcio conquistou a quarta parte do mundo para si e para sua glória póstuma.

Esse batismo sem o conhecimento nem o consentimento do pai é um episódio sem igual na história da glória mundana. Com duas palavras, *Mundus Novus*, um homem adquire a glória; com três linhas de um pequeno geógrafo, alcança a imortalidade. Dificilmente a casualidade e o erro tenham conseguido uma comédia tão audaciosa. Mas nessa comédia de confusões, a história, tão grandiosa nas tragédias quanto imaginativa em suas comédias, ainda cria uma cena particularmente sutil. Tão logo a proposta de Waldseemüller alcança o público, este a aceita com entusiasmo. As edições aparecem uma atrás da outra, em todas as novas obras de geografia adota-se o novo nome de "América" derivado de Américo Vespúcio, seu *inventor*; e, sobretudo, os cartógrafos são os que o registram com obediência. O nome de "América" aparece em todas as partes, em todos os globos, em todas as gravações sobre aço, em todos os livros, em todas as cartas, exceto por apenas um mapa de 1513, isto é, seis anos depois daquele primeiro de Waldseemüller com o nome de América. Mas quem é esse cartógrafo indignado que se opõe ao novo nome? Não é outro senão – que coisa mais grotesca! – aquele mesmo que inventou o nome: Waldseemüller. Acaso teria medo, como o jovem aprendiz de feiticeiro do célebre poema de Goethe, que apenas com uma palavra converte a vassoura gasta num enfurecido ser raivoso e que, então, não lembra a outra palavra para deter o espírito evocado? Por acaso teria recebido uma advertência – talvez por parte do próprio Vespúcio – que o fez repensar, dando-se conta de que havia sido injusto com Colombo ao atribuir sua proeza a outro em que reconhecia o verdadeiro valor? Não se sabe. Nunca se saberá por que precisamente Waldseemüller quis tirar do continente o nome de "América" que ele próprio havia inventado. Seja lá como for, já é demasiado tarde para uma correção. Poucas vezes a verdade volta a alcançar a lenda. Uma palavra, uma vez lançada ao mundo, extrai força desse próprio mundo e existe livre e independente daquele que a deu à luz. É inútil que aquele homenzinho que pronunciou primeiro a palavra "América" queira calá-la e suprimi-la por um sentimento de vergonha. Já empreendeu voo, salta de uma letra moldada à outra, de um livro a outro, de boca em boca, sobrevoa o espaço e o tempo, não se pode detê-la, é imortal porque é ao mesmo tempo realidade e ideia.

Começa a grande disputa

Ano 1512. Um ataúde acompanhado de pouca gente sai de uma das igrejas de Sevilha em direção ao campo santo. Não é um funeral chamativo, pomposo, não é de um homem endinheirado nem de um nobre. É o enterro de um funcionário qualquer do rei, do piloto maior da Casa de Contratação. Um tal de Despuchy ou Vespuche. Ninguém nessa estranha cidade suspeita que se trata do mesmo homem cujo nome será recebido pela quarta parte do mundo. Nem os historiadores nem os cronistas disseram uma única palavra sobre aquela morte insignificante. Trinta anos mais tarde ainda se lerá nos livros de história que Américo Vespúcio morreu em 1534 na Ilha dos Açores. O padrinho da América falece de forma completamente inadvertida, igual ao Adiantado[25] e Almirante das Índias Cristóvão Colombo, que foi levado para sua última morada em Valladolid em 1506, sem que tivesse sido acompanhado nem por rei nem por duque algum e cujo óbito tampouco pareceu digno de ser proclamado ao mundo pelos cronistas de então.

Duas tumbas silenciosas, uma em Sevilha, outra em Valladolid. Dois homens que se encontraram muitas vezes em vida, sem evitar tais encontros nem odiar um

25. *Adelantado* era, na Península Ibérica, o governador de província ou comarca fronteira, com poder militar. [N. T.]

ao outro. Dois homens animados pelo mesmo espírito de curiosidade criadora e que se ajudaram um ao outro em seus caminhos com retidão e cordialidade. Contudo, sobre suas tumbas se levanta a mais amarga disputa. Sem que eles suspeitassem, a glória de um lutará contra a do outro. O erro, a falta de compreensão, a gana de investigar e o espírito de contradição pessoal avivam repetidamente uma rivalidade entre esses dois grandes navegadores que nunca existiu durante a vida deles. E os dois tampouco perceberão essa altercação e esse bruaá como de um vento que soprava sobre seus túmulos palavras ininteligíveis.

Nessa luta absurda por uma glória contra a outra, sucumbe em princípio Colombo. Morreu vencido, humilhado e meio esquecido. Como homem de uma única ideia, de uma única proeza, teve seu momento imortal quando essa ideia se fez realidade – a hora em que atracou a *Santa Maria* na praia de Guanahani porque tinha atravessado pela primeira vez o Oceano Atlântico até então infranqueável. Até então o mundo tinha o grande genovês por louco, iludido, sonhador confuso e pouco realista. E, a partir daquele momento, outra vez o mundo volta a tê-lo como tal, porque não pode libertar-se da ilusão que o empurra. Quando pela primeira vez deu parte de "ter pisado os reinos mais ricos do mundo", quando prometeu trazer ouro, pérolas e especiarias das Índias, aonde disse haver chegado, o mundo lhe deu crédito. Uma frota poderosa foi equipada, 1.500 homens disputam a honra de poder embarcar para viajar a Ofir[26] e a Eldorado[27], países que diz ter visto com os próprios olhos. A rainha lhe entrega cartas envoltas em seda para o "grande cã" de Quinzay. Porém, quando regressa dessa longa viagem, o que traz? Uma centena de escravos meio mortos de fome, os quais a piedosa rainha se nega a vender. Uma centena de escravos e a ilusão de ter estado na China e no Japão. E essa ilusão torna-se cada vez mais confusa, mais fantástica à medida que se mostra menos certa. Em Cuba, reúne seus embarcados e, sob ameaça de cem chibatadas, os faz jurar diante de um *escrivão*, um notário, que Cuba não é uma ilha, mas, sim, terra firme chinesa. Os marinheiros indefesos encolhem os ombros e assinam sem levá-lo a sério – e um deles, Juan de la Cosa, não fazendo caso do juramento, desenha Cuba em forma de ilha em seu mapa. Mas Colombo não para de mandar cartas à rainha dizendo que se trata de "apenas um canal que separa o Quersoneso[28] de Ouro de Ptolomeu (a península de Málaga)" e que o "Panamá não está mais longe de Ganges do que Pisa está de Gênova". Em princípio, a corte recebe com um sorriso todas essas promessas fantásticas, porém, pouco a pouco, o assunto provoca náuseas. As expedições

26. Nome de uma região mencionada pela Bíblia, famosa por sua riqueza. [N. T.]
27. Cidade ou país fictício que os exploradores diziam haver na América do Sul; local pródigo em riquezas e oportunidades. [N. T.]
28. Quersoneso, também conhecido como Quérson, é uma colônia grega fundada há aproximadamente 2.500 anos na região sudeste da Crimeia, então conhecida como Táurica. [N. T.]

custam muitíssimo dinheiro – a troco de quê? Uns escravos famélicos e extenuados em lugar do ouro prometido, a sífilis em lugar das especiarias. As ilhas que a coroa havia confiado à sua administração se convertem em terríveis matadouros e campos selvagens repletos de cadáveres. Só no Haiti morrem 1 milhão de indígenas em uma década; os imigrantes empobrecem e se rebelam; todas as cartas e os colonizadores decepcionados, que regressam desse "paraíso terrestre", trazem notícias terríveis sobre crueldades inumanas. Prontamente a Espanha se dá conta de que aquele iludido só sabe sonhar e não governar. A primeira coisa que o novo governador, Bombadilla, avista a partir de seu navio são forcas movidas pelo vento, que balançam cadáveres de seus compatriotas. É necessário repatriar os três irmãos amarrados com correntes e, inclusive, quando se devolver a liberdade, a honra e o título a um Colombo arrependido, sua auréola desaparecerá por completo na Espanha. Ao atracar, seu navio já não é acolhido com expectativa. Quando quer ser recebido na corte, há respostas evasivas e o velho homem tem que apresentar solicitação suplicando poder fazer a viagem numa mula. Não para de fazer promessas e de falar sobre coisas cada vez mais fantásticas. Promete à rainha que encontrará o paraíso em sua próxima viagem, e ao papa que "libertará Jerusalém" numa Cruzada por um novo caminho, mais curto. Em seu *Livro de Profecias* anuncia à humanidade pecadora que dentro de 150 anos chegará o fim do mundo. Finalmente, já ninguém faz caso do *fallador* (charlatão) e suas imaginações com sua Ilha Cipango. Os comerciantes que perderam dinheiro com ele, os eruditos que desprezavam seus erros geográficos, os colonizadores decepcionados com suas grandes promessas, os funcionários invejosos de sua categoria elevada começam a fazer frente comum contra o "Almirante da terra dos mosquitos". O velho homem, cada vez mais encurralado e arrependido, reconhece: "Disse ter pisado os reinos mais ricos. Falei de ouro, pérolas, pedras preciosas e especiarias, e quando nada disso chegou de imediato, caí em desonra." Por volta de 1500, Cristóvão Colombo já é um homem acabado na Espanha e, em 1506, ano de sua morte, já quase ninguém o conhece.

Tampouco nas décadas seguintes alguém se lembra dele: são tempos que passam de forma acelerada. A cada ano, uma nova proeza, um descobrimento, novos nomes, novos triunfos, e em tais tempos as empresas de ontem são ignoradas mais rapidamente. Vasco da Gama e Cabral regressam das Índias e não trazem apenas novos escravos nus e vagas promessas, mas todas as preciosidades do Leste. O rei Manoel, o Venturoso, será o monarca mais rico da Europa graças ao butim de Calecute e Malaca. O Brasil foi descoberto; da altura do Panamá, Núñez de Balboa avista pela primeira vez o Oceano Pacífico. Em 1519, Cortez conquista o México; em 1532, Francisco Pizarro conquista o Peru; por fim, o ouro verdadeiro aflui às câmaras do tesouro. Magalhães dá a volta pela América e, depois de três anos, seu barco *Almirante*

Victoria – a proeza marítima mais grandiosa de todos os tempos! – regressa a Sevilha tendo dado a volta ao mundo. Em 1545 começam a explorar as minas de prata de Potosí[29]. Ano após ano as frotas regressam à Europa com abundantes carregamentos. Em apenas meio século atravessam-se todos os mares, dá-se a volta por todos ou quase todos os países do planeta: O que significa então o indivíduo com sua proeza nessa epopeia homérica? Todavia, não se publicaram livros que falam de sua vida e de sua solitária previsão; logo a viagem de Colombo é considerada apenas uma entre tantas viagens gloriosas dos novos argonautas – e devido ao fato de que ele aportou o benefício menos palpável, é mal julgado por uma época que o esquece, uma época que, como todas as épocas, só se rege por seus próprios cânones e não por aqueles da história.

Entretanto, cresce com força a glória de Américo Vespúcio. Quando, ofuscado pela ilusão de ter descoberto as Índias a oeste, o mundo ainda estava errado, ele descobrira a verdade: trata-se de um *Mundus Novus*, um novo mundo, outro continente. Sempre disse a verdade: não prometeu ouro nem pedras preciosas, senão informou com modéstia que, segundo os indígenas, há ouro naquelas terras, mas que eles, igual a São Tomé, não põem fé facilmente: o tempo dirá. Além do que, não partiu por amor ao ouro e ao dinheiro, como os demais, mas pelo prazer do desco-

29. Potosí, atualmente capital da província de Tomás Frias e do departamento de Potosí, na Bolívia. [N. T.]

brimento. Não havia torturado seres humanos nem destruído reinos como os outros conquistadores agressores: ele, como humanista, como erudito, observou aqueles povos desconhecidos, descreveu seus usos e costumes sem exaltá-los nem censurá-los. Como sábio discípulo de Ptolomeu e dos demais grandes filósofos, observou o percurso das novas estrelas, explorou os mares e os países por amor a suas maravilhas e mistérios. Não se deixou guiar pelo puro acaso, mas pela estrita ciência matemática astronômica – sim, é um dos seus!, ponderam os eruditos, *homo humanus*, um humanista. Sabe escrever até em latim, que para eles é a única língua válida para os assuntos do intelecto. Salvou a honra da Ciência porque só está a serviço dela e não da ganância e do dinheiro. Cada um dos historiadores contemporâneos de Vespúcio – Peter Martyr e Ramusio e Oviedo – faz uma reverência antes de pronunciar o nome. E dado que não são mais do que uma dúzia os eruditos que ilustram sua época, a Vespúcio têm como o maior navegador de seu tempo.

Esse extraordinário prestígio dentro do mundo erudito se deve, pois, à casual circunstância de que suas duas pequenas obras – tão finas e postas em dúvida – apareceram em língua latina, a língua dos eruditos. Sobretudo a edição da *Cosmographiae Introductio* é a que outorga a imponente autoridade sobre todos os demais. Só por tê-la escrito primeiro, os eruditos, para quem a palavra é superior aos feitos, celebram Vespúcio como o descobridor do Novo Mundo sem qualquer reparo. O geógrafo

Schöner é o primeiro a traçar a linha divisória: Colombo não descobriu mais que algumas ilhas, mas Vespúcio, o Novo Mundo. Uma década mais tarde, por repetição falada ou impressa, já se converte em axioma: Vespúcio é o descobridor do novo continente e, com muita razão, América se chama América.

Ao longo de todo o século XVI reluz clara e puramente aquela glória errônea de Vespúcio como descobridor do Novo Mundo. Apenas uma vez se formula timidamente um ligeiro protesto. Foi formulado por Miguel Servet, um homem singular, que mais adiante adquirirá a trágica fama de ter sido a primeira vítima da Inquisição protestante de Calvino em Genebra, que o levou à fogueira. Servet é um estranho caráter da história do pensamento, meio gênio, meio louco. Um espírito descontente semelhante ao fogo fátuo que a tudo critica e acredita ter de opinar da forma mais incisiva sobre qualquer ramo da ciência. Porém, esse homem, no fundo pouco produtivo, tem um instinto peculiar ao abordar todas as partes dos problemas decisivos. Na medicina, quase já formula a teoria de Harvey da circulação do sangue; na teologia, toca no ponto mais frágil de Calvino. Um curioso dom de pressentimento o ajuda a levantar os problemas, ainda que não os solucione. Também na geografia toca num problema decisivo: proscrito pela Igreja, foge para Lion, trabalha ali como médico com um nome falso e, em 1535, publica uma nova edição de Ptolomeu com anotações próprias. Essa edição é acompanhada dos mapas da edição de Ptolomeu de Laurent Frisius de 1522 que, segundo a proposta de Waldseemüller, designam a parte sul do novo continente com o nome de "América". Porém, enquanto Tomas Ancuparius, o editor de Ptolomeu de 1522, inclui em seu prólogo um hino a Américo Vespúcio, sem sequer mencionar Colombo, Servet é o primeiro que se atreve a fazer um certo reparo na exagerada adoração a Vespúcio e na denominação proposta para o novo continente. Diz que Vespúcio, definitivamente, partiu como mercador – *ut merces suas comutaret y multo post Columbum* – e muito depois de Colombo. Ainda é um comentário com bastante reserva e certo tom de protesto. Servet não pensa em acabar com a fama de Vespúcio como descobridor, mas tampouco quer que Colombo caia em completo esquecimento. Não fica, pois, formulada uma antítese Colombo ou Vespúcio nem suscitada uma disputa sobre o pioneirismo. Somente o que insinua Servet é que se deveria dizer: Vespúcio e Colombo. Sem ter provas contundentes à mão, sem conhecimentos mais exatos sobre a situação histórica, é apenas guiado por aquele espírito suspicaz de desconfiar de erros e enfocar os problemas de outra maneira, Servet é o primeiro a insinuar que há algo engasgado na glória de Vespúcio que sobreveio ao mundo com a veemência de uma avalanche.

Um protesto, claro está, só pode surgir daquele que não depende, como Servet em Lion, nem dos livros nem das notícias incertas, mas de quem tenha acesso ao conhecimento fiável dos acontecimentos históricos reais.

E será uma voz de bastante peso que se rebelará contra a glória exagerada de Vespúcio, uma voz que obrigou o imperador e os reis a se dobrar e cuja palavra levou consolo a milhares e milhares de homens humilhados e torturados: a voz do grande bispo de Bartolomeu de las Casas que, com força estremecedora, revelou as atrocidades dos conquistadores cometidas contra os indígenas e cujos relatos, ainda hoje, nos deixam com o coração na mão. Las Casas, que chegou à idade de 90 anos, foi testemunha presencial de toda uma época de descobrimentos e, graças ao seu amor pela verdade e à sua imparcialidade sacerdotal, um testemunho abalizado. Seu grande relato da América, *História geral das Índias*, que começou a escrever em 1559, aos 85 anos, no monastério de Valladolid, pode ser considerado como a base mais sólida da historiografia daquela época. Nascido em 1474, chegou em 1502 a Hispaniola (Haiti), ainda nos tempos de Colombo. À exceção de algumas viagens à Espanha, passou praticamente toda sua vida, até chegar à idade de 73 anos, no novo continente como sacerdote e, mais tarde, como bispo. Ninguém, portanto, era mais autorizado nem competente para emitir um juízo objetivo e válido sobre os acontecimentos da época dos descobrimentos.

Em uma de suas viagens das "Novas Índias" a Espanha se depara com aqueles mapas ou livros estrangeiros, em que as novas terras estavam designadas com o nome de "América". Provavelmente tão surpreendido como nós, se pergunta: Por que América? A resposta natural de por que Américo Vespúcio a havia descoberto despertou sua desconfiança e provocou sua raiva, posto que quem, senão *ele*, estava a par das coisas? Seu pai tinha acompanhado pessoalmente Colombo em sua segunda viagem e, portanto, ele mesmo poderia dar fé de que Colombo, segundo suas próprias palavras, "foi o primeiro que abriu as portas daquele Oceano fechado há tantos séculos". Como era possível, portanto, Vespúcio se vangloriar ou ser vangloriado de ser o descobridor desse novo mundo? Ao que parece, ele se deparou com o argumento típico de que Colombo só havia descoberto as ilhas da América, as Antilhas. Vespúcio, no entanto, teria descoberto a verdadeira terra firme e, assim sendo, a ele se atribuía com razão o descobrimento do continente.

Las Casas, normalmente um homem afável, entra em cólera. Se Vespúcio afirma tal coisa, é um mentiroso. Ninguém mais que o Almirante havia pisado em 1498 a terra firme em Paria, em sua segunda viagem. Isso, ademais, ficou confirmado com o juramento solene de Alonso de Ojeda no processo do fisco contra os herdeiros de Colombo no ano de 1516. Além disso, nenhuma da centena de testemunhas naquele processo se atreveu a negar aqueles fatos. Com todo o direito, esse país deveria se chamar "Columba". Como pode Vespúcio "usurpar a honra e a glória que correspondem ao Adiantado e atribuir a si próprio o mérito"? Onde e quando e em que expedição esteve antes que o Almirante na terra firme da América?

Agora, Las Casas se põe a estudar o relato de Américo Vespúcio tal como está impresso na *Cosmographiae Introductio* para impugnar essa suposta pretensão sobre a prioridade de Vespúcio. E então essa comédia de confusões tem uma reviravolta absurda, que dá um novo empurrão em direção a um novelo já sobejamente enredado. Na primeira edição original italiana, em que está relatada a primeira viagem de Vespúcio, em 1497, se diz que atracou num lugar chamado "Lariab". Por um erro de impressão ou de uma correção caprichosa, a edição latina de Saint-Dié converte "Lariab" num lugar chamado "Parias". Isso induz a crer que foi o próprio Vespúcio quem afirmou haver estado em Paria em 1497, isto é, um ano antes que Colombo atracasse em terra firme. Portanto, para Las Casas não há dúvida alguma de que Vespúcio é um falsário, que se aproveita da boa ocasião, depois da morte do Almirante, para presumir-se descobridor do novo continente em "livros estrangeiros" (posto que na Espanha teriam olhado bastante suas mãos). Agora, Las Casas demonstra que Vespúcio, na realidade, foi à América em 1499, não em 1497, e que, com bom motivo, não mencionou o nome de Ojeda. "O que escreveu Américo" – se enraivece o honrado homem – "para fazer-se famoso ao usurpar tacitamente o descobrimento da terra firme"; o fez de má-fé e, portanto, Vespúcio é um impostor.

De fato, só se trata de uma errata na edição latina – que diz "Parias" em lugar de "Lariab" da edição original –

que provoca a ira de Las Casas por um engano supostamente intencional. Porém, sem querer, Las Casas tocou num ponto delicado: em todas as cartas e em todos os relatos de Vespúcio, há uma estranha obscuridade acerca das intenções e dos objetivos realmente alcançados em suas viagens. Vespúcio nunca diz com clareza os nomes dos comandantes da frota. As datas variam segundo as diferentes edições. As medições de longitude não são corretas. A partir do momento em que se começou a averiguar as bases de suas viagens, haveria de surgir a suspeita de que aqui, pelas razões que sejam – das quais mais adiante nos ocuparemos –, ele pura e simplesmente encobriu expressamente um estado de coisas. Nesse ponto nos acercamos pela primeira vez do mistério de Vespúcio propriamente dito, que durante centenas de anos ocupou os eruditos de todas as nacionalidades: Quanto há de verdade e quanto há de invenção (ou, dito com maior clareza, impostura) em seus relatos?

Essa incerteza afeta, sobretudo, a primeira das quatro viagens, a de 10 de maio de 1497, aquela que Las Casas colocou em dúvida e que, em suma, poderia assegurar a Vespúcio certa prioridade como descobridor do Continente. Não se menciona tal viagem em texto histórico algum; certos elementos foram tomados, sem dúvida, da segunda viagem com Ojeda. Até os defensores mais fanáticos de Vespúcio não encontraram nenhuma comprovação de que aconteceu aquela expedição marítima naquele ano e, então, tiveram de contentar-se com hipóteses para lhe dar um verniz de verossimilhança. Caso se quisesse enumerar detalhadamente todas as provas e contraprovas alegadas nessas infinitas discussões, fartamente contraditórias, dos doutos geógrafos, isso encheria de sobra todo um livro à parte. Basta que três quartas partes deles rechacem essa primeira viagem por imaginária, enquanto que o resto dos defensores *ex officio* de Vespúcio dizem que, naquela ocasião, foi ele o primeiro a descobrir uma vez a Flórida, outra a Amazônia. Porém, posto que a imensa glória de Vespúcio baseia-se nessa primeira viagem, fartamente duvidosa, toda essa torre de Babel levantada sobre o erro, a casualidade e a repetição mecânica iria perdendo terreno rapidamente assim que o machado da filologia atingisse seus alicerces.

O golpe decisivo vem de Herrera, em 1601, com seu *Historia de las Indias Occidentales*. O historiador espanhol não necessita de muito tempo para reunir argumentos, uma vez que tem acesso ao livro de Las Casas, inédito até então, e, no fundo, continua sendo Las Casas quem levanta a voz contra Vespúcio. Herrera explica e comprova, com os argumentos de Las Casas, que a data das *Quatuor Navigationes* não está correta; que Vespúcio saiu com Ojeda em 1499 e não em 1497 e – sem que o acusado possa tomar a palavra – chega à conclusão de que Américo Vespúcio havia falsificado, astuta e premeditadamente, seus relatos com a intenção de roubar de Colombo a honra de ser o descobridor da América.

A repercussão dessa revelação é enorme. Como?, sobressaltam-se os eruditos, então Vespúcio não é o descobridor da América? Aquele homem sábio cuja maneira comedida em sua modéstia, que consideramos exemplar, é um mentiroso, um impostor como Mendes Pinto[30], um daqueles infames embusteiros que enganam nos relatos de suas viagens? Ainda que só houvesse mentido sobre uma viagem, por que acreditar nas demais? Que vergonha! O novo Ptolomeu não é outra coisa senão um Heróstrato[31] infame, que entra furtivamente, maliciosamente no templo da glória para obter a imortalidade ao preço de um vil engano! Que vergonha para todo o mundo erudito! Que vergonha que, seduzido por sua arrogância, tenha sido batizado o novo continente com seu nome! Não seria hora de se corrigir esse erro vergonhoso? Em 1627, o frei Pedro de Simón propõe com toda seriedade "suprimir o uso de todas as obras geográficas e de todos os mapas em que figure o nome de América".

O pêndulo se movera no sentido contrário. Vespúcio é um homem acabado, e no século XVII reaparece glorioso o nome meio esquecido de Colombo. Sua figura ressurge tão grande como o Novo Continente. De todas as proezas só resta a sua, porque os palácios de Monte-

30. Fernão Mendes Pinto (c. 1512-1583), aventureiro e explorador português. Deixou a obra escrita *Peregrinação*. [N. T.]
31. Heróstrato, incendiário grego, foi responsável pela destruição do templo de Artemis em Éfeso (atual Turquia). [N. T.]

zuma[32] foram saqueados e reduzidos a ruínas. As arcas do Peru foram esvaziadas. Todos os feitos e todas as atrocidades dos conquistadores individualmente foram sendo esquecidos. A única realidade é América, uma joia do mundo, uma pátria para todos os perseguidos, uma Terra, a Terra do futuro. Quão injusto se foi com aquele homem? Quão injusto se foi em sua época e nos séculos seguintes? Colombo se converte em figura heroica. Removem de sua imagem tudo que foi desvalorizado, todos os traços sombrios. Não se fala de sua má administração, de suas fantasias religiosas, mas se idealiza sua vida. Todas as dificuldades tomam tons dramáticos: como, impondo sua força de vontade, faz seguir adiante os amotinados, como regressa acorrentado acompanhado por um miserável canalha, como encontra refúgio para ele e seu filho meio famélico no monastério de Rábida. O que antes deixaram de fazer para exaltar sua proeza, agora, devido à eterna necessidade de heroicizar, quase se faz em demasia.

Porém, segundo a antiga lei do dramático e também do melodramático, todas as figuras heroicizadas necessitam de um rival, como a luz necessita da sombra, como Deus do Diabo, como Aquiles de Tersites e como o grande sonhador Dom Quixote necessita do Sancho Panza, realista de cabo a rabo. Para realçar o gênio, há

32. Montezuma, líder asteca, cujo governo teve início em 1502 e terminou em 1520, quando Cortez o derrotou, tomou súditos e ouro dos astecas, soterrou templos e destruiu a cidade de Tenochtitlán. [N. T.]

que denegrir o seu contrário. A resistência humana, as baixas forças da irreflexão, a inveja, a traição. Portanto, os inimigos de Colombo – Bombadilla, um insignificante funcionário honesto e justo; e o cardeal Fonseca, um bom calculador sagaz – são pintados como miseráveis e malvados. Porém, o verdadeiro rival passa a ser agora Américo Vespúcio. Que sorte! E junto com a lenda de Colombo nasce a de Américo Vespúcio. Temos então aqui, em Sevilha, um pequeno comerciante, um sapo venenoso inchado de tanta inveja, alguém que gostaria de ser tido por erudito, por explorador, porém é demasiado covarde para atrever-se a subir num navio. Da segurança de sua janela, observa a ranger os dentes como a multidão recebe o grande Colombo em seu regresso. Despojar-lhe da glória! Tornar-se alguém com glória! Enquanto o nobre almirante retorna acorrentado, o outro, astuciosamente, escreve alguns relatos de viagem reunindo passagens tomadas de outros livros. Tão logo enterrado Colombo, que já não pode defender-se, aquela hiena da glória, com uma determinação doentia, envia as cartas e os relatos a todos os potentados do mundo dizendo-se o primeiro, o verdadeiro descobridor do Novo Mundo, e manda imprimi-los em língua latina e, por motivos de precaução, no estrangeiro. Roga e suplica aos desprevenidos eruditos, de qualquer lugar do outro extremo do mundo, que deem seu nome ao novo continente chamando-o de América. Furtivamente se acerca do inimigo jurado de Colombo, seu irmão de inveja, o bispo Fonseca, e o persuade para que o nomeie a ele, que não entende nada de navegação, ali, em seu gabinete, *piloto mayor*, presidente da Casa de Contratação, com o único propósito de ter o encargo da inspeção dos mapas. Assim, pois, tem-se finalmente – o elo se imputa efetivamente a Vespúcio – a possibilidade para a grande impostura. Na sua qualidade de *piloto mayor*, que manda trazer os mapas, pode ordenar, sem controle algum, que se inclua em todas as partes nos mapas e nos globos terrestres América, América, América, esse nome ímpio para designar o novo continente. Dessa maneira, aquele gênio vil do engano rouba e engana uma vez mais aquele morto, que durante sua vida foi amarrado com correntes – o nome do ladrão, não o seu, serve agora de adorno para o novo continente.

É essa a imagem de Vespúcio que se tinha no século XVII: um difamador, um falsificador e mentiroso. A águia que, com sua audaz visão, abraça o mundo, se converte de repente numa toupeira repugnante, num profanador de cadáveres e ladrão. É uma imagem injusta, mas que se incrusta profundamente nos séculos. Durante décadas e séculos, o nome de Vespúcio fica sepultado pela imundice. Bayle e Voltaire, cada um por sua conta, cuspiram sobre seu túmulo e em todos os livros narra-se às crianças a história de um infame em busca da glória. Mesmo um homem tão sábio e reflexivo como Ralph Waldo Emerson escreverá três séculos mais tarde (1856), cativado por aquela lenda, o seguinte: *Strange that broad America must wear the name of a thief. Amerigo Vespucci the pickledealer at*

Seville, whose highest naval rank was boatswain's mate in an expedition that never sailed, manager in this lying World to supplant Columbus and baptize half the Earth with his own dishonest name[33].

33. "Parece estranho que a grande América deva levar o nome de um ladrão. Américo Vespúcio, vendedor de picles de Sevilha, cujo maior feito naval foi ter sido companheiro do contramestre numa expedição na qual nunca embarcou, conseguiu nesse Mundo mentiroso suplantar Colombo e batizar a metade da terra com seu próprio desonesto nome." (Nota da edição espanhola.)

Os documentos se mesclam

No século XVII, Américo Vespúcio é um homem acabado. A disputa pelo seu nome e pela sua proeza ou malfeito parece definitivamente esclarecida. Foi expulso do trono, provaram seu engano e quase o levaram ao infame esquecimento – não fosse o fato de a América carregar o seu nome. Porém, começa outro século que não parece disposto a dar fé a meras fofocas dos contemporâneos e aos rumores transmitidos. Pouco a pouco a historiografia se transforma de simples tarefa de cronista em ciência, com afã crítico e propósito de comprovar os documentos de todos os arquivos, assim como torna-se inevitável que se retome também o antigo litígio Colombo *versus* Vespúcio, aparentemente resolvido de há muito tempo.

O primeiro passo quem dá são seus compatriotas. Não querem aceitar que o nome daquele florentino, cuja glória fez conhecer ao mundo sua cidade natal durante tanto tempo, fique amarrado a um pelourinho. São os primeiros que exigem uma revisão exaustiva e imparcial. O abade Angelo Maria Bandini publica, em 1745, a primeira biografia do navegante florentino, *Vita e lettere de Amerigo Vespucci*, conseguindo trazer à luz uma série de documentos. Francesco Bartolozzi o segue em 1789 com novos *Ricerche istorico-critiche* e, ao que parece, os resultados são para os florentinos tão alentadores para a reabilitação de seu compatriota que, numa academia, o padre Stanislas

Canovai faz um solene discurso laudatório – *Elogio d'Amerigo Vespuccio* – a favor do difamado *celebro navigator*. Simultaneamente, se começa a remexer nos arquivos espanhóis e portugueses, levanta-se muito pó de atas e, quanto mais pó se levanta, com menos claridade se vê.

Os arquivos portugueses são os menos fecundos. Não há uma só palavra sobre expedições em que Vespúcio teria participado. Tampouco se menciona seu nome em livros de despesas. Nem rastro daquele *zibaldone*[34], seu diário de viagem que, segundo dizem, entregou ao rei Manuel de Portugal. Nada. Nem uma só linha. Nem uma só palavra. E um dos adversários mais ferozes de Vespúcio não tarda em declarar, com prova fidedigna, que Américo mentiu sobre serem viagens *auspiciis et stipendio Portugallensium*, sob os auspícios e com ajuda econômica de Portugal. Porém, trata-se logicamente de uma prova que carece de fundamento se, ao cabo de trezentos anos, não se encontram atas sobre um homem isolado que não organizou nem conduziu expedição alguma. O português maior, a glória de sua nação Luiz de Camões, esteve durante dezesseis anos a serviço de Portugal, foi ferido durante o serviço ao rei e não há uma só linha oficial que testemunhe isso. Foi detido e encarcerado na Índia, porém, onde estão os documentos? Onde constam os fatos do processo? Tampouco se encontra alguma coisa escrita

34. Mescla confusa de coisas ou pessoas diversas; caderno com apontamentos variados; comida composta de muito ingredientes. [N. T.]

sobre suas expedições, e o diário de Pigafetta[35], que escreveu durante uma expedição mais memorável ainda com Magalhães, também desapareceu. Se em Lisboa, portanto, o resultado documental sobre a época mais importante da vida de Vespúcio é igual a zero, só nos resta recordar que é um episódio exatamente tão grande como o que sabemos pelos arquivos das aventuras africanas de Cervantes, dos anos de viagem de Dante ou da época teatral de Shakespeare. E, no entanto, Cervantes lutou, Dante foi de um país a outro e Shakespeare esteve em cena centena de vezes. Os documentos não são, portanto, uma prova válida, menos ainda a ausência deles.

Mais importantes são os documentos florentinos. Bandini e Bertolozzi encontraram no arquivo nacional três cartas de Vespúcio para Lourenço de Médici. Não são originais, mas cópias posteriores de uma coleção reunida por um tal Vaglienti, que copiou, ou mandou copiar, por ordem cronológica, todas as notícias, cartas e publicações acerca das novas viagens e descobrimentos. Uma dessas cartas foi escrita diretamente no regresso de Cabo Verde da terceira expedição e primeira a mando do rei de Portugal. A segunda carta contém um informe exaustivo sobre a chamada "terceira viagem" e, por conseguinte, todo

35. Antônio Pigafetta foi marinheiro, geógrafo e escritor italiano. Pagou de seu próprio bolso uma expressiva quantia para acompanhar e auxiliar o capitão português a serviço da Espanha Fernão de Magalhães em sua viagem ao redor do mundo. [N. T.]

o conteúdo que se publicou posteriormente na *Mundus Novus*, com exceção de uma certa apresentação literária (muito suspeita) daquela publicação. Tudo isso parece ser uma justificativa espetacular do amor pela verdade de Vespúcio. Pelo menos sua chamada terceira viagem, aquela que primeiro o fez famoso por meio do *Mundus Novus*, fica agora indiscutivelmente confirmada e já se pode exaltar a Vespúcio como vítima inocente de uma difamação sem fundamento. Porém, então aparece uma terceira carta dirigida a Lourenço de Médici na qual – mas que sujeito mais torpe! – relata a primeira viagem de 1497 como se fora a de 1499, admitindo justamente o que lhe censuram seus adversários, isto é, que na edição impressa adiantou em dois anos a data de sua viagem. Esse informe, de próprio punho e letra, demonstra de forma irrefutável que ele ou qualquer outra pessoa converteu essa viagem em duas, e que aquela pretensão de ter sido o primeiro homem a pisar a terra firme americana era um engano descarado, além de pouco hábil. A furiosa suspeita de Las Casas se transforma agora num feito conclusivo. Àqueles que querem salvar Vespúcio como amante da verdade – seus defensores mais rigorosos e seus compatriotas na *Raccolta Colombiana* – já não resta outra saída que não a última, a mais desesperada: declarar essa carta como uma falsificação posterior.

Os documentos florentinos nos oferecem novamente a dupla imagem familiar de Vespúcio, homem eternamente entre duas luzes. Encontramos de um lado um homem, que em suas cartas de caráter privado, dirigidas a seu patrono Lourenço de Médici, relata honesta e modestamente os feitos verdadeiros; e, de outro, um segundo Vespúcio, o dos livros impressos, homem de grande prestígio e de grandes contratempos que, de modo mentiroso, se vangloria de descobrimentos e viagens que nunca fez e que, com essa ostentação, conseguiu que todo um continente fosse batizado com seu nome. Quanto mais esse novelo de erros avança no tempo, tanto mais se enreda.

Coisa estranha: os documentos espanhóis evidenciam exatamente a mesma divergência dos feitos. Por eles sabemos que Vespúcio, em 1492, não chega a Sevilha como sendo um grande erudito nem navegante com muitas viagens em sua vida, mas apenas um empregado insignificante, um *factor* da loja Giannetto Berardi, uma espécie de sucursal do Banco Médici em Florença e que se ocupava dos equipamentos dos barcos e do financiamento das expedições. Isso, de pronto, não concorda com o prestígio de Vespúcio que, ao que parece, partiu em 1497 da Espanha capitaneando audazes expedições. Pior ainda: dessa suposta primeira viagem, com a qual teria se adiantado a Colombo no descobrimento de terra firme, não há o menor rastro em todos os documentos e, por outro lado, pode-se afirmar quase que com toda a segurança que no ano de 1497, em lugar de explorar as costas americanas tal qual afirmou em seu *Quatuor Navigationes*, estava na verdade trabalhando como diligente comerciante em seu escritório de Sevilha.

Todas as acusações contra Vespúcio parecem novamente justificadas à base de documentos. Porém, ainda existe uma coisa estranha: nos mesmos documentos espanhóis há, por sua vez, algumas provas que, de forma convincente, falam a favor da retidão de Vespúcio, assim como outras falam de sua descarada jactância. Com efeito, ali se encontra um documento de naturalização que, em 24 de abril de 1505, converte Vespúcio em cidadão espanhol por conta de "seus bons serviços prestados à coroa e aos que continuará prestando no futuro". Ali se encontra sua nomeação como *piloto mayor* da Casa de Contratação, em 22 de março de 1508, como diretor de todo o serviço náutico espanhol, atribuindo-lhe a tarefa de "instruir os timoneiros no uso dos instrumentos de medida, do astrolábio e dos quadrantes, além de comprovar se são capazes de combinar, de modo competente, a teoria com a prática". Ali está a incumbência, por parte da casa real, de criar um *padrón real*, um mapa-múndi no qual constem, de maneira definitiva, todas as costas recém-descobertas e que deve ser completado e aprimorado continuamente. De imediato, levanta-se a questão: É possível pensar que a Coroa espanhola, que dispõe dos navegantes mais extraordinários da época, chamaria para um posto de tamanha responsabilidade alguém que carece por completo de confiabilidade moral por causa de sua arrogância e dos livros sobre expedições inventadas? Se Vespúcio não tivesse adquirido anteriormente o prestígio de experto em assuntos de navegação, teria sido possível que o rei vizinho de Portugal tivesse levado a seu país precisamente aquele homem para acompanhar duas frotas à América do Sul? E não seria um testemunho de sua honradez Giannetto Berardi, em cuja casa trabalhou durante muitos anos, que poderia julgar como ninguém a sua confiabilidade, e que no leito de morte o constitui executor de seu testamento e liquidante de sua empresa? De novo nos deparamos com a mesma contradição: onde quer que haja um documento sobre a vida de Vespúcio, ele é elogiado por ser um homem sincero, digno de confiança e muito instruído. E onde quer que tomemos na mão um impresso seu, encontramos jactância e mentiras inverossímeis.

Mas não se pode ser um navegante excelente e ao mesmo tempo um faroleiro e exagerado? Não é possível ser um bom cartógrafo e ter, por sua vez, um caráter invejoso? Acaso os contos não são, há séculos, um vício dos marinheiros e o sentimento de inveja pelos méritos vizinhos, uma doença típica dos eruditos? Por conseguinte, todos os documentos não seriam uma ajuda contra a estrita acusação de ter vilmente defraudado o grande almirante descobridor da América.

Mas então se levanta uma voz do túmulo para falar a favor da retidão de Vespúcio: no processo Colombo *versus* Vespúcio, defende-o precisamente aquele de quem, colocando-se como testemunha de sua parte, menos se esperaria que se colocasse como seu igual, nada menos que o próprio Cristóvão Colombo. Pouco antes de sua morte, em 5 de fevereiro de 1505 – isto é, numa época em que *Mundus Novus* era conhecido na Espanha há muito tempo –, o almirante, depois de ter se considerado feliz já num escrito anterior por ter como amigo Vespúcio, dirigia a seguinte carta a seu filho Diego:

> *5 de fevereiro de 1505*
>
> *Meu querido filho,*
>
> *Diego Mendes saiu daqui na segunda-feira, dia três deste mês. Depois de sua viagem falei com Américo Vespúcio, que irá à corte, aonde foi chamado, para que possam pedir-lhe conselho a respeito de uns objetos próprios de navegação. Manifestou sempre o desejo de ser agradável* [amável] *comigo, é um homem honesto* [um homem de bem]. *A sorte não esteve ao seu lado como tampouco ao de muitas outras pessoas. Seus esforços não lhe trouxeram o benefício que, com razão, poderia ter esperado. Vai lá* [à Corte] *com o vivo desejo de lograr, enquanto está em suas mãos* [enquanto é possível], *algo que redunde em meu proveito. Daqui não sei dizer com mais precisão o que nos poderia ser de proveito por não saber o que querem dele. Porém, ele está decidido a fazer a meu favor tudo o que seja possível.*

Esta carta constitui uma das cenas mais surpreendentes em nossa comédia de confusões. Esses dois homens, cuja insensatez de nada menos que três séculos havia apresentado sempre como dois rivais intensos que, com os dentes apertados, lutavam pela glória de ter designado o novo continente com seu nome, eram, na realidade, cordiais amigos! Colombo, cujo caráter desconfiado o colocou em conflito com quase todos os seus contemporâneos, elogia Vespúcio como homem que lhe havia ajudado durante muitos anos e lhe concede o papel de intercessor junto à Corte! Pelo visto, os dois – tal é, sem dúvida alguma, o estado das coisas – não faziam a menor ideia de que dez gerações de eruditos e cartógrafos enfrentariam suas sombras, uma contra a outra, em luta pela sombra de um nome; de que iriam ser conflitantes numa comédia de confusões, um no papel de gênio sincero a quem o outro, no papel de canalha, rouba. Nenhum dos dois, claro está, conhecia a palavra América, em torno da qual havia começado a disputa. Colombo não suspeitava de que suas ilhas escondiam atrás de si o imenso continente, tampouco Vespúcio suspeitava de que a costa do Brasil o fizesse. Homens do mesmo ofício, pouco favorecidos pela sorte, sem terem consciência de sua imensa glória, se entendiam melhor que a maioria de seus biógrafos, que, com pouca psicologia, lhes atribuíam uma consciência de suas façanhas que, naquele momento, era absolutamente impossível: aqui, mais uma vez, a realidade destrói a lenda.

Os documentos começam a tomar a palavra. Porém, justamente devido ao seu achado e interpretação, volta a acender com mais veemência a grande discussão em torno de Vespúcio. Jamais 32 páginas de texto foram estudadas com tanta precisão em níveis psicológico, gráfico, cartográfico, histórico e tipográfico para investigar sua credibilidade como os relatos de viagem de Vespúcio. Não obstante, resulta que os geógrafos beligerantes defendem respectivamente, com a mesma segurança e com as mesmas provas supostamente infalíveis, o sim e o não, o branco e o negro, o descobridor e o impostor. À guisa de divertimento, resumirei brevemente o que as diferentes autoridades sustentavam em suas teses sobre Vespúcio durante o século XIX: fez sua primeira viagem com Pinzón. Fez sua primeira viagem com Lepe. Fez sua primeira viagem numa expedição desconhecida. Não houve uma primeira viagem, tudo é mentira. Em sua primeira viagem descobriu a Flórida. Não descobriu nada em absoluto, porque não houve tal viagem. Foi o primeiro a avistar o Amazonas. Não o avistou até sua terceira viagem, confundindo-o com o Orinoco. Percorreu e batizou toda a costa do Brasil até o estreito de Magalhães. Só percorreu a parte menor dessa costa, que havia sido batizada muito antes de sua chegada. Foi um grande navegador. Não, nunca esteve no comando de um barco nem de uma expedição. Foi um excelente astrônomo. Nunca. Tudo o que escreveu sobre as constelações das estrelas são bobagens. Seus dados são exatos. Seus dados são errôneos. Foi um importante piloto. Não foi mais que um *beef contractor* vendedor de carne e um ignorante. Suas indicações são críveis. É um vigarista profissional, um impostor e um embusteiro. É, depois de Colombo, o primeiro descobridor e navegante de sua época. É a honra, não a vergonha, da ciência. Tudo isso se diz com a mesma veemência nos escritos a seu favor ou contra e se afirma, se verifica e se argumenta com um sem-fim de supostas provas. Desse modo, tal qual há trezentos anos, estamos exatamente diante da mesma pergunta: "Quem era Américo Vespúcio? O que fez e o que deixou de fazer?". Há resposta possível? Pode-se resolver o grande enigma?

Quem era Vespúcio?

Temos tentado narrar em ordem cronológica a grande comédia das confusões que se desenvolveram em torno da vida de Américo Vespúcio durante três séculos e que levou, finalmente, à designação do novo continente com seu nome. Um homem se fez famoso e, de fato, não se sabe exatamente por quê. Cada um, segundo seu arbítrio, pode decidir, com razão ou sem razão, que foi devido a seus méritos ou a suas imposturas. Porque, na realidade, a glória de Vespúcio é uma auréola que não surgiu tanto de suas façanhas quanto de uma apreciação equivocada daquilo que realizou.

O primeiro erro – ato primeiro da comédia – foi a inclusão de seu nome no título do livro *Paesi retrovati*, pelo qual o mundo acreditou ter sido Vespúcio e não Colombo quem havia descoberto as novas terras. O segundo erro – ato segundo da comédia – foi um erro de impressão na edição latina ("Paria" em lugar de "Lariab"), em virtude do qual se afirma ter sido Vespúcio e não Colombo o primeiro a colocar os pés em terra firme americana. O terceiro erro – ato terceiro – foi o de um pequeno geógrafo de província que, baseando-se nas 32 páginas de Vespúcio, propôs batizar a América com o nome deste. Como em uma autêntica comédia de imposturas, Vespúcio segue sendo o herói até o final do ato terceiro; domina a cena como herói impecável, como caráter heroico. No quarto ato desperta suspeitas, pela primeira vez, e já não se sabe exatamente se se trata de um herói ou de um vigarista. O quinto e último ato, que se desenvolve no século XX, há de trazer um ponto culminante inesperado para que se desate o nó engenhosamente atado e, enfim, tudo se resolva de forma prazerosa e definitiva.

Afortunadamente, a história é uma dramaturgia extraordinária e, assim como para suas tragédias, também sabe encontrar para as comédias um brilhante desenlace. Desde aquele quarto ato, já sabemos: Vespúcio não descobriu a América, não foi o primeiro a pisar em terra firme, não realizou jamais aquela primeira viagem que por muito tempo o tornou rival de Colombo. Porém, enquanto os eruditos seguem debatendo o cenário sobre as viagens que verdadeiramente empreendeu ou deixou de empreender, surge em cena um homem formulando a desconcertante tese de que nem mesmo aquelas 32 páginas foram escritas por Vespúcio – esse documento que comoveu o mundo inteiro não seria outra coisa senão umas recopilações alheias, irresponsáveis e voluntariosas em que se abusou grosseiramente do material manuscrito de Vespúcio. Esse *deus ex machina* – o professor Magnaghi[36] – coloca o problema de uma perspectiva totalmente nova ao colocá-lo, em um primeiro momento, de patas para cima. Enquanto os outros haviam dado por fato que Vespúcio tinha a autoria, pelo menos, dos livros que levavam seu nome, só

---

36. Alberto Magnaghi (1874-1945), geógrafo italiano, autor de *Amerigo Vespucci* (1926). [N. T.]

colocando em dúvida que também tivesse empreendido as viagens, Magnaghi diz que Vespúcio efetivamente realizou algumas viagens, mas a autoria dos livros tal como se apresentam dá muita margem a dúvidas. Não teria sido ele quem se vangloria das proezas contrárias à verdade, mas que fizeram disparates em seu nome. Se com tudo isso quisermos formar um juízo correto sobre Vespúcio, o melhor será separar seus famosos escritos, *Mundus Novus* e *Quatuor Navigationes*, e nos debruçar exclusivamente sobre as três cartas originais que, sem qualquer explicação conclusiva, foram estigmatizadas como falsificadas por parte de seus defensores.

A tese de que não se pode responsabilizar Vespúcio em sua totalidade pelos escritos que circulam com seu nome tem, em princípio, um efeito desconcertante. O que resta da glória de Vespúcio se nem sequer lhe é atribuída a autoria dos livros? Porém, olhando-se de perto, as teses de Magnaghi não são tão novas. Na realidade, a suspeita de que a falsificação daquela primeira viagem não foi feita por Vespúcio, mas, sim, contra ele, é tão antiga como a primeira acusação. Lembre-se de que foi o bispo Las Casas quem primeiro acusou Vespúcio de apoderar-se do nome de América, simulando uma viagem que, na realidade, nunca realizou. Culpou-o de uma "grande infâmia", de um "engano astuto" e de uma grave injustiça. Porém, revisando o texto mais detidamente, se observa sempre, em meio a todas as acusações, um *reservatio mentalis*. É bem verdade que Las Casas censura o engano, porém, precavido, fala sempre de um engano cometido por Vespúcio e *por aquellos que publicaron sus Quatuor Navigationes.* Portanto, admite a possibilidade de que a apreciação equivocada de Vespúcio pode ter acontecido sem que ele dela participasse. Também Humboldt que, diante dos teóricos especializados, não considerava qualquer livro impresso como um evangelho, admitia claramente a dúvida de que Vespúcio havia sido envolvido em toda aquela controvérsia igual a Pôncio Pilatos no credo. "Não seria possível – pergunta – que os colecionadores das descrições de viagens tenham cometido esse engano sem que Américo se inteirasse disso? Ou por acaso não poderia ser a consequência de uma descrição confusa e de algumas indicações pouco precisas?"

A chave já estava forjada. Magnaghi só abriu com ela a porta para uma nova perspectiva. Do ponto de vista lógico, sua explicação me parece, até agora, a mais convincente porque dilui de modo completamente natural todas as contradições que preocupavam três séculos. Desde o começo era psicologicamente pouco provável que o mesmo homem, em um livro, inventasse uma expedição realizada no ano de 1497 e, simultaneamente, datasse tal viagem do ano de 1499 numa carta manuscrita. Ou que tenha enviado a Florença, a duas pessoas diferentes daquele estreito círculo em que as cartas passam de mão em mão, as descrições de viagens de formas diferentes e alguns detalhes contraditórios. Ademais, era inverossímil que um homem que vivia em Lisboa enviasse tais informes precisamente ao régulo de Lorena e mandasse sua obra para impressão a uma cidade tão afastada do mundo, como Saint-Dié. Se quisesse publicar ou tivesse publicado ele próprio suas "obras", pelo menos não teria omitido o pequeno esforço de apagar, antes do *imprimatur*, as incongruências mais graves que saltam à vista. Poder-se-ia, ainda, pensar que o próprio Vespúcio relatou em *Mundus Novus*, em tom solene – o que difere totalmente das cartas manuscritas –, anunciando a Lourenço de Médici que chamava aquela expedição de sua terceira viagem "porque já empreendi duas viagens rumo a oeste a mando do excelentíssimo rei de Espanha" (*Vostra Magnificenza saprà come per commisione de questo Rè d'Ispagna mi partì*). A quem ele comunica essa novidade assombrosa de ter já realizado duas viagens? Nada menos que ao dono da empresa onde trabalhou como empregado durante dez anos e que, portanto, teria que saber até o dia e a hora em que seu funcionário havia realizado aquelas viagens de muitos anos atrás e em cujos livros-caixa deveriam figurar até o último centavo todos os gastos de sua equipe e seu produto. Isso seria um absurdo, como se surpreendentemente um autor comunicasse a seu editor que há uma dezena de anos publica continuamente seus livros e presta contas regularmente que, ao remeter o manuscrito de seu novo livro, este não era seu primeiro trabalho, mas, sim, o que havia sido publicado anteriormente.

Em quase todas as páginas dos textos impressos se encontram alguns disparates e algumas divergências semelhantes que de modo algum podem ter sua origem no mesmo Vespúcio. Portanto, todas as probabilidades falam a favor da tese de Magnaghi no sentido de que as três cartas manuscritas de Vespúcio, encontradas nos arquivos e que foram rechaçadas pelos defensores de Vespúcio precisamente por falta de autenticidade, *são, na realidade, o único material digno de fé que possuímos das mãos de Vespúcio*. Enquanto isso, temos que entender como publicações duvidosas as celebérrimas obras *Mundus Novus* e *Cuatro Viajes* devido a adições, modificações e alterações alheias.

Porém, julgar as *Cuatro Viajes* de falsificação apenas por essa razão seria, ao contrário, um tosco exagero, visto que não há dúvida de que se baseiam em material autêntico da mão de Vespúcio. O que fez o editor anônimo é mais ou menos o que ocorre no comércio de antiguidades, quando se transforma uma autêntica arca do Renascentismo mediante o hábil emprego de seu material agregando-lhe pedaços reproduzidos para, assim, se fazer duas ou três caixas ou até mesmo um jogo completo de móveis – e o resultado disso é que quem insiste na autenticidade das peças tem tanta razão quanto aquele que as qualifica de falsificadas. Não há dúvida alguma de que aquele editor que, por precaução, encobre seu nome na capa, tinha nas mãos as cartas – as três conhecidas e provavelmente outras desconhecidas – que Vespúcio dirigiu ao Banco Médici. O tipógrafo conhecia o êxito assombroso que a carta de Vespúcio sobre a terceira viagem, o *Mundus Novus*, havia conseguido – nada menos que 23 reedições em vários idiomas em poucos anos! Portanto, não houve nada mais natural que aquele homem, que também conhecia os demais informes, seja pelo original, seja pela cópia, se sentisse atraído pela ideia de editar *Viajes Completos* de Vespúcio num pequeno novo tomo. Porém, tendo em vista que o material existente não era suficiente para opor às quatro viagens de Colombo as quatro de Vespúcio, aquele editor desconhecido decidiu alongar o texto deste. Dividiu, sobretudo, em duas viagens o informe conhecido sobre a viagem de 1499, aparecendo um datado de 1497 e o outro de 1499, sem ter a mais remota suspeita de que, devido àquele engano, o próprio Vespúcio seria chamado de impostor e mentiroso ao longo de três séculos. Além disso, incluiu detalhes de outras cartas e informes de outros navegadores, até que foi felizmente concluído esse *mixtum compositum* de verdades e mentiras que logo provocaria durante séculos a dor de cabeça dos eruditos e devido ao qual América se chama América.

Alguém poderia duvidar da tese de que é concebível uma intromissão tão descarada em ampliar, sem prévia consulta, a obra de um autor com invencionices arbitrárias. É da casualidade que, precisamente no caso de Vespúcio, podemos demonstrar a possibilidade de um procedimento de tão pouco escrúpulo. Ora, apenas um ano depois, em 1508, um tipógrafo holandês falsifica uma quinta viagem de Vespúcio, e do modo mais primitivo. Assim como as cartas encontradas no manuscrito das *Cuatro Viajes* foram o material básico do editor anônimo, o tipógrafo holandês usa para sua falsificação a descrição da viagem que circula em um manuscrito de um tirolês chamado Balthasar Sprenger. Onde o original coloca *ego, Baltazar Sprenger* modifica para *ick, Alberigus*, "eu, Américo", para fazer crer ao público que aquela descrição de viagem procede da mão de Vespúcio. E, efetivamente, essa atribuição petulante engana tanto que, quatrocentos anos mais tarde, a junta diretiva da Sociedade de Geógrafos em Londres, em 1892, proclama com grande ostentação o descobrimento de uma quinta viagem de Vespúcio.

Cabem, portanto, poucas dúvidas – e isso clareia a situação confusa até agora – de que aquele informe inventado sobre a primeira viagem e todas as demais discrepâncias de Vespúcio, acusado de um engano doloso, não devem ser creditados em sua conta, mas, sim, atribuídos ao editor e tipógrafo sem escrúpulos que, sem lhe pedir permissão, ilustraram os informes privados de Vespúcio sobre suas viagens com ingredientes falsos que deram novo tempero à impressão. Contudo, os adversários fazem uma última objeção a respeito desse modo de ver que, no entanto, explica claramente a situação. Perguntam por que Vespúcio nunca protestou publicamente sobre isso? Deveria estar a par, antes de sua morte em 1512, da existência desses livros com seu nome e que lhe atribuíam a autoria de uma viagem que jamais realizou. Por acaso não deveria ter sido seu dever principal lançar ao mundo um rotundo "Não sou o descobridor da América, e essa terra leva meu nome injustamente"? Por acaso não é cúmplice de um erro aquele que não formula um protesto porque aquilo, na realidade, o beneficia?

À primeira vista, essa objeção parece convincente. Porém, há que se perguntar: Onde poderia ter protestado Vespúcio? Diante de qual instância poderia reclamar? Naqueles tempos, o conceito de propriedade literária não existia. Tudo que era impresso e tudo que era escrito pertencia a todos, e qualquer um poderia usar o nome e a obra de outro a seu gosto. Onde poderia reclamar Albrecht Dürer porque uma dezena de gravações em cobre estampavam as iniciais "A.D." de fácil saída para obras malfeitas? E a quem recorreriam os autores do primeiro *King Lear* e do *Hamlet* originais, porque Shakespeare tomou suas obras e as modificou a seu gosto? E onde poderia ir queixar-se Shakespeare porque apareciam obras alheias com o seu nome? Onde poderia recorrer até mesmo Voltaire porque qualquer um que quisesse, que se lesse um panfleto ateu ou filosófico, mandava imprimi-lo sob aquele nome célebre? De que maneira poderia ter procedido Vespúcio contra as dezenas e mais dezenas de edições das obras recompiladas que arrastavam sua fama injusta ao mundo com textos readaptados de novo uma e outra vez. Só restava a Vespúcio provar sua inocência de viva voz num círculo pessoal.

Sem sombra de dúvida que ele assim o fez. Porque em 1508 ou 1509 chegaram pelo menos alguns exemplares isolados à Espanha. Por acaso se poderia pensar que o rei teria escolhido alguém que publica informes falsos sobre os descobrimentos como pessoa encarregada de induzir seus pilotos a redigir relatórios precisos e seguros, se aquela pessoa não pudesse, de antemão, ter se livrado pessoalmente de qualquer suspeita? E mais ainda: um dos primeiros possuidores da *Cosmographiae Introductio* na Espanha era, segundo consta, Fernando Colombo, filho do Almirante (existe o exemplar com suas anotações). Não só leu o livro que confirma, contra toda a verdade, que Vespúcio pôs, antes que Colombo, o pé em terra firme, como encheu de anotações o exemplar em que pela vez primeira é proposto dar às novas terras o nome de América. Porém existe uma coisa estranha: apesar de Fernando Colombo colocar na biografia de seu pai todos os nomes possíveis daqueles que tinham inveja dele, não cita Vespúcio com uma só palavra descortês. Silêncio que assombrou já a Las Casas: "estou surpreendido – escreve – porque Fernando Colombo, o filho do Almirante e homem de bom juízo, segundo sei, apresentou as *Navigationes* de Américo sem uma única anotação sobre a injustiça e a usurpação que Américo Vespúcio cometeu contra a pessoa de seu ilustre pai". Mas não há nada mais evidente que fale a favor da inocência de Vespúcio do que o silêncio do filho diante dessa atribuição desafortunada, que escamoteia a seu pai a glória de ver com seu nome o mundo descoberto por ele. Está claro que essa atribuição se fez sem o conhecimento nem a vontade de Vespúcio.

Seguindo a ordem cronológica, com todas as suas desagradáveis consequências, procurou-se narrar com a maior objetividade possível a *Causa Vespucci* que passou pelas mais sagradas instâncias. A principal complicação a resolver consistia na curiosa discrepância entre um homem e sua fama, entre um homem e seu nome. Então, como já sabemos, o mérito fático de Vespúcio não corresponde a sua fama nem sua fama a seu mérito. Entre o homem que foi e aquele pelo qual o mundo tomava havia uma distância tão abissal, que era impossível conciliar ambas as imagens, o retrato de sua vida e o retrato literário. Apenas levando-se em conta que sua fama era um produto de intromissões e de casualidades emboladas será possível considerar sua verdadeira proeza e sua vida como uma unidade, e falar disso num contexto natural.

A partir disso se dá, ao lado de uma glória imensa, o resultado mais modesto: a vida daquele homem que, como poucos, despertou a admiração e a indignação do mundo não foi, na realidade, grandiosa nem dramática. Não é a biografia de um herói nem a de um impostor, senão apenas uma comédia de acasos que foi embaralhada sem que ele de nada suspeitasse. Como terceiro filho do tabelião Cernastasio Vespúcio, Américo Vespúcio nasce em Florença no dia 19 de maio de 1451, ou seja, 130 anos depois da morte de Dante. Vem de uma família distinta, embora empobrecida, e recebe a formação humanista do Renascimento Primitivo, comum naqueles círculos. Estuda latim sem dominá-lo, porém com desenvoltura literária. Com seu tio Fra Giorgio Vespúcio, um frei dominicano de San Marco, adquire certos conhecimentos científicos, de matemática e de astronomia. Nada indica no jovem dotes ou ambições especiais. Enquanto seus irmãos vão à universidade, ele se conforma com um cargo mercantil no estabelecimento bancário dos Médici que, então, está sob a direção de Lourenço Piero de Médici (que não se deve confundir com seu pai Lourenço de Médici, o Magnífico[37]). Portanto, Américo Vespúcio não passava por ser um grande homem e menos ainda por ser um grande erudito. As cartas que escrevia aos amigos o mostram metido em pequenos negócios e assuntos privados sem relevância. No aspecto comercial, tampouco parece ter ido longe da casa dos Médici, e só o puro acaso o leva à Espanha. Os Médici, assim como os Welser, os Fugger e os demais comerciantes alemães e flamencos, têm na Espanha e em Lisboa suas sucursais. Procuram fundos para as expedições até a nova terra, tratam de obter informações e, sobretudo, investir seu dinheiro onde com mais urgência dele se necessite. Ao que parece, um empregado num escritório dos Médici, em Sevilha, cometeu irregularidades com dinheiro e, como têm Vespúcio como homem especialmente reto e confiável, mandam aquele humilde empregado, no dia 14 de maio de 1491, à Espanha, onde assume um posto na sucursal dos Médici, na loja de Giannetto Berardi. Na casa de Berardi se dedica principalmente aos equipamentos dos

37. Na edição espanhola, Lourenço Piero de Médici é mencionado como filho de Lourenço, o Magnífico. Na verdade, era seu neto (seu pai era Piero de Médici, o Desafortunado). [N. E.]

navios, num cargo subordinado. Ainda que em suas cartas conste *Merciante florentino*, não é nenhum comerciante independente com capital e campo de ação próprios, mas o *factor* de Berardi que, por sua vez, está ligado ao campo de ação dos Médici. Apesar de não ocupar um alto cargo, Vespúcio ganha a confiança e até a amizade de seus superiores. Quando Berardi, em 1495, pressente a chegada da morte, nomeia em seu testamento Américo Vespúcio como executor de sua última vontade e o incumbe de liquidar a empresa uma vez morto seu dono.

Assim, próximo à casa dos 50 anos, Américo Vespúcio de repente volta a estar com as mãos vazias. Ao que parece, falta a ele ou o capital, ou a vocação de seguir adiante com o negócio de Berardi por conta própria. Já não podemos saber o que fez durante os anos de 1497 e 1498 por falta total de documentação. Porém, de nenhuma maneira, como fica comprovado na carta posterior de Colombo, foi especialmente bem, e esse fracasso responde à virada repentina em sua vida. Vinte, quase trinta anos desperdiçou o pequeno florentino, inteligente e aplicado, como empregado insignificante dos negócios alheios. Não tem casa nem mulher nem filhos. Está só, a mudança de vida se aproxima, e ainda não tem segurança nem amparo. Justamente agora que o tempo dos descobrimentos brinda o homem resoluto disposto a arriscar sua vida numa única ocasião para fazer-se rapidamente rico e famoso. É uma época de aventureiros e proezas como o mundo jamais voltou a ver desde então. Como centenas e milhares de outros fracassados, Américo Vespúcio, até agora um comerciante pequeno e, ao que parece, também insolvente, lança sua sorte numa viagem à Nova Índia. Quando, em maio de 1499, Alonso de Ojeda organiza uma expedição a mando do cardeal Fonseca, Américo Vespúcio embarca com ele.

Não fica muito claro quais eram as condições para ser admitido por Alonso de Ojeda. Sem sombra de dúvida, o *factor* da empresa armadora Berardi havia adquirido certos conhecimentos profissionais no trato diário com os capitães, engenheiros navais e provedores de mercadorias. Conhece os detalhes de um barco desde a quilha até o topo. Além disso, como florentino ilustrado intelectualmente, é cem vezes superior à maioria de seus companheiros de viagem e já havia aproveitado o tempo antes para adquirir conhecimentos náuticos. Aprende a manejar o astrolábio, os novos métodos de cálculo de longitude, se dedica à astrologia, se exercita na confecção de mapas, de maneira que se deve supor que não acompanha essa expedição como simples agente comercial, senão que viaja na qualidade de piloto ou astrônomo.

Inclusive se, naquele tempo, mesmo assim Américo Vespúcio ainda não tivesse participado na qualidade de piloto, e sim como comerciante, volta, de qualquer maneira, convertido num consumado especialista de uma viagem que durou muitos meses. Uma cabeça inteligente, um bom observador, um calculista experimentado, uma alma curiosa, um hábil cartógrafo, de modo que deve ter adquirido durante aqueles longos meses alguns conhecimentos especiais, que lhe atraem a atenção, sobretudo nos círculos náuticos. Posto que agora o rei de Portugal prepara uma nova expedição até as regiões do Brasil recém-descoberto por Cabral e que em cuja costa norte havia estado Vespúcio em sua viagem com Ojeda, o próprio rei se dirige diretamente a Vespúcio solicitando sua participação na qualidade de piloto, astrônomo e cartógrafo. Que o rei do país vizinho que, com efeito, não necessita de pilotos nem navegadores extraordinários, chame exatamente Vespúcio a seu país demonstra irrefutavelmente o especial apreço de que goza aquele homem, até então, desconhecido.

Vespúcio não vacila. A viagem com Ojeda não lhe trouxe qualquer benefício. Depois de tantos esforços e perigos durante meses, regressa tão pobre a Sevilha como tinha sido até a hora de partir. Não tem trabalho nem profissão nem negócios nem bens. Portanto, não significa qualquer deslealdade para com a Espanha corresponder a esse honroso chamamento.

Porém, tampouco essa nova viagem traz a ele benefício ou qualquer honraria. Porque em nenhum lugar se menciona seu nome, como tampouco se menciona o nome do comandante da frota. A missão encomendada a essa expedição foi a de percorrer a costa inteira e tudo mais que fosse possível para encontrar o caminho tão esperado às ilhas, às especiarias. Isso porque se continua acreditando na ilusão de pensar que esta Terra de Santa Cruz, com a que se deparou Cabral, não é mais que uma ilha de medianas dimensões. Uma vez dada a volta felizmente a ela, se chegaria às Molucas, a fonte de toda riqueza, o Eldorado das especiarias. O mérito histórico dessa expedição da qual participa Vespúcio será o de retificar esse erro antes de mais ninguém. Os portugueses percorrem a costa até os trinta, quarenta, cinquenta graus de longitude e, entretanto, a terra não chega a seu final. Há muito que se deixou a zona tórrida. Faz frio, cada vez mais frio e, finalmente, têm que renunciar à esperança de conseguir dar a volta a essa gigantesca Terra Nova, que se mete como um travessão na rota que leva à Índia. Porém, é com essa viagem, que representa uma das mais audaciosas e grandiosas, que Vespúcio pode afirmar com orgulho que foi possível medir a quarta parte do mundo, que aquele homem desconhecido oferece um imenso proveito para a ciência geográfica: Vespúcio leva à Europa o conhecimento de que esta terra recém-descoberta não é a Índia e tampouco uma ilha, mas um *mundus novus*, um novo continente, um mundo novo.

A segunda viagem que Vespúcio realiza a mando do rei de Portugal tem o mesmo objetivo (encontrar a rota leste até a Índia e tentar, portanto, a façanha que mais adiante fica reservada a Magalhães), mas também não alcança sua meta. É verdade que a frota, nessa ocasião, desce ainda mais ao sul e parece ter ido muito adiante do rio da Prata, porém, devido às tormentas, se vê obrigada a regressar. Agora, na idade de 54 anos, Vespúcio desembarca novamente em Lisboa como um homem pobre e, assim ele crê, totalmente desconhecido. Como um dos tantos que procuraram a sorte com a Nova Índia, porém sem encontrá-la.

No entanto, por outro lado, sucedeu algo que Vespúcio, sob aquelas estrelas de um outro hemisfério do globo, não podia sonhar nem suspeitar: aquele pequeno e pobre piloto anônimo havia despertado a inquietude de todo o mundo ilustrado da Europa. Cada vez que regressava de uma viagem, informava fiel e lealmente o que havia acontecido àquele que havia sido seu patrono e amigo pessoal, Lourenço de Médici, mediante cartas, sobre aquilo que tinha visto. Além disso, havia levado um diário que entregara ao rei de Portugal e que, como as cartas, não era senão documento de caráter privado, destinado exclusivamente a informação política e comercial. Porém, nunca lhe ocorrera passar por erudito ou escritor, nem considerar essas cartas privadas um produto literário ou mesmo científico. Diz expressamente que encontra tudo o que escreve *di tanto mal sapore* que não poderia publicar de forma provisional e, se alguma vez fala do projeto de escrever um livro, emenda logo em seguida que só quer redigi-lo "com a ajuda de homens doutos". E só se alguma vez chegasse a descansar, *quando sarò de reposo*, tentará com a ajuda dos homens doutos escrever um livro sobre suas viagens para alcançar um pouco de glória, *qualche fama*, depois de sua morte. Porém, sem que soubesse, certamente sem que o propusesse, alcançou naqueles meses de navegação, pelas suas costas, como se diz, a fama do geógrafo mais ilustrado da época e de um grande escritor. Sob o título de *Mundus Novus*, se traduz para o latim, provavelmente de forma livre e estilizada e em tom científico, aquela carta destinada a Lourenço de Médici que havia escrito sobre sua terceira viagem e que, quando apareceu impressa, produziu uma enorme sensação. Desde que aquelas quatro folhas impressas circularam pelo mundo, em todas as cidades e em todos os portos, se sabe então que essas novas terras não são a Índia, como disse Colombo, mas um mundo novo, e que é Américo Vespúcio o primeiro a proclamar essa verdade maravilhosa. Porém, o mesmo homem que em toda a Europa é considerado como grande erudito e o mais audaz entre todos os navegadores, não sabe de sua glória e se esforça simplesmente para conseguir, por fim, um emprego que lhe permita levar uma vida modesta e tranquila. Como homem mais velho, casou-se e cansou-se definitivamente dos negócios, das aventuras e das viagens. Por fim, na idade de 57 anos, satisfaz um desejo: conseguiu o que almejara durante toda a sua vida; uma humilde existência tranquila, pacífica e burguesa, como piloto maior na Casa de Contratação, com um soldo primeiro de 50 mil e mais adiante de 75 mil maravedis[38]. Desde então o novo Ptolomeu é, em Sevilha, um entre muitos outros funcionários respeitáveis do rei: nada mais e nada menos.

---

38. O maravedi foi uma moeda de ouro cunhada na Península Ibérica, inicialmente pelos Almorávidas. [N. T.]

Por acaso Vespúcio se inteirou nos últimos anos de sua vida de toda a fama que havia alcançado seu nome devido aos mal-entendidos e erros? Por acaso suspeitou alguma vez de que existiu a proposta de dar às terras novas além do oceano o seu nome de batismo? Se opôs a essa glorificação injustificada? Acolheu-a com um sorriso? Ou por acaso só fez saber tranquila e modestamente a seus amigos mais íntimos que em verdade nem tudo era assim como constava naqueles livros? A esse respeito só sabemos que aquela imensa fama que, como um furacão, sobrevoou as montanhas, os mares, os países e os idiomas e já passa a ser notícia no Novo Mundo, não levou à existência de Vespúcio o menor benefício concreto. Vespúcio continuou tão pobre como no primeiro dia em que chegou à Espanha. Tão pobre que, quando morreu no dia 22 de fevereiro de 1512, sua viúva solicita implorando que se lhe concedam uma pensão, apenas o suficiente, de 10 mil maravedis ao ano. A única coisa de valor de sua herança, os diários de suas viagens, os únicos que podem revelar toda a verdade, passam como legado às mãos de seu sobrinho. Um sobrinho que os guarda tão mal que se perdem para sempre, como muitas outras anotações valiosas da época dos descobrimentos. Do esforço daquela existência silenciosa e reservada não fica nada mais do que uma fama duvidosa que nem sequer lhe pertence.

Fica evidente que aquele homem, que durante quatro séculos ofereceu matéria para resolver um problema dos mais complicados, no fundo levou uma vida sem complicações nem problemas. Resignemo-nos, portanto, a constatar: Vespúcio não era mais que um homem medíocre. Não o descobridor da América, não o *amplificador orbis terrarum*, mas, por outro lado, tampouco aquele mentiroso e impostor pelo que foi considerado. Nem um grande escritor, porém tampouco alguém que se presumisse sê-lo. Nem um grande erudito, nem filósofo virtuoso, nem astrônomo, nem Copérnico, nem um Tycho Brahe[39]. Talvez, inclusive, seria atrevido colocá-lo na primeira fila dos grandes navegadores e descobridores. Porque uma sorte adversa não lhe permitiu nunca tomar uma real iniciativa em qualquer lugar. Ao contrário de Colombo e Magalhães, nunca lhe foi confiada uma frota. Em todas as profissões e em todos os empregos esteve em posição subalterna, incapaz de encontrar, descobrir, mandar ou dirigir. Sempre na segunda fila, sempre à sombra dos demais. Sim, sem dúvida recai sobre ele a luz brilhante da glória, mas não devido a algum mérito especial nem a uma culpa particular, senão a uma fatalidade, a um erro, a um acaso, a um mal-entendido. A glória poderia ter alcançado da mesma maneira outro autor de cartas daquela mesma viagem ou o piloto do navio ao lado. Porém, a história não permite discussão alguma: escolheu precisamente a ele, e suas decisões,

39. Tycho Brahe (1546-1601) foi um astrônomo dinamarquês, um dos representantes mais prestigiosos da "ciência nova", a ciência renascentista. [N. T.]

por mais errôneas e injustas que fossem, são irrefutáveis. Graças a duas palavras (*Mundus Novus*) com que ele ou aquele editor anônimo encabeçou suas cartas e devido às *Cuatro Viajes* (com todos os senões), adentrou o porto da imortalidade. Seu nome já não pode ser apagado do livro mais glorioso da humanidade e, no marco da história dos descobrimentos do nosso mundo, talvez se circunscreva de modo mais acertado sua proeza com o paradoxo de que Colombo descobriu a América, mas não a reconheceu. Vespúcio não a descobriu, porém foi o primeiro a reconhecê-la como América, como um novo continente. Esse único mérito fica ligado à sua vida, ao seu nome. Porque nunca decide somente o feito, senão também o reconhecimento e o efeito. Quem narra e explica às vezes é mais importante para a posteridade do que aquele que a realizou – e, no dinamismo das forças históricas, o menor impulso muitas vezes provoca as consequências mais prodigiosas. Quem da história espera justiça, exige mais do que ela está disposta a dar: amiúde a história concede proeza e imortalidade ao homem medíocre e deixa o melhor, o mais audaz e sábio na obscuridade, sem sequer mencioná-lo.

Sem dúvida, a América não tem que se envergonhar de seu nome. Ele é o de um homem honrado e valente que, com 50 anos de idade, ousou atravessar por três vezes numa nau diminuta o oceano inexplorado, rumo ao desconhecido – como um dos "marinheiros anônimos" que, naqueles tempos, às centenas, arriscavam suas vidas em aventuras e perigos. E quiçá o nome de um homem tão medíocre, o nome de um homem da multidão anônima de valentes, seja até mais apropriado para um país democrático do que o de um rei ou de conquistadores. Certamente mais justo do que se América tivesse se chamado Índia Ocidental, ou Nova Inglaterra, ou Nova Espanha, ou Terra de Santa Cruz. Não foi a vontade de um homem que levou esse nome mortal à imortalidade. Foi a vontade do destino que sempre tem razão, até mesmo quando parece cometer injustiça. Aos desígnios dessa vontade maior temos que nos submeter. E assim utilizamos hoje a palavra que um puro acaso idealizou alegremente, já com toda a naturalidade como a única verdadeira e imaginável. A vibrante, sonora *América*.

TERRA

POSFÁCIO

Américo ou América?

Américo Vespúcio pode até não ter sido um homem polêmico em sua época, porém deixou marcas que polemizaram toda uma história.

A região conhecida como Canal de São Sebastião, no litoral norte do estado de São Paulo, é um caso claro que gera dúvidas. Não há documentação suficiente que garanta a passagem do navegador italiano por mares paulistas; além disso, alguns historiadores preferem não compartilhar desta tese.

No caso do descobrimento da América, alguns autores são implacáveis na crítica a Vespúcio, entre eles Felipe Fernández-Armesto, autor do prefácio da edição espanhola de *Américo Vespúcio: a história de um erro histórico.* Armesto é professor de história nas Universidades de Londres, Oxford e Tufts, e desde 2009 leciona também na Universidade de Notre Dame. É autor de vários livros, entre eles *Américo, o homem que deu seu nome ao continente* (Companhia das Letras, 2011).

A seguir, elencamos os capítulos do prefácio que Armesto elaborou para a edição espanhola.

Armesto contesta o navegador florentino

Um batismo singular, apenas recordado

A meu ver, é incrível sob todos os aspectos que, hoje em dia, em todo o hemisfério americano (particularmente nos Estados Unidos), quase não há um interesse manifesto em comemorar o quingentésimo aniversário do momento em que a América recebeu seu nome. Neste país, a maioria das pessoas nem sabe que se aproxima esse centenário.

No entanto, em 25 de abril de 2007 se completa literalmente o quingentésimo aniversário de batismo desse continente. Naquele dia, há quinhentos anos, os impressores terminaram de compor o livro em que se propôs pela primeira vez chamar a esta parte do mundo com o nome do aventureiro florentino, a quem me referirei mais adiante. Tal acontecimento já é por si mesmo extraordinário. O feito que comemoramos destaca-se também como o único momento em que um continente ou hemisfério foi batizado com o nome de um indivíduo real: um indivíduo vivo de carne e osso. Mais notável ainda é que Américo – moralmente débil e fraco de intelecto – parece completamente indigno de semelhante honra. Tudo isso motiva nosso interesse em saber como e por que ocorreram essas coisas.

Apesar de os grandes acontecimentos normalmente estimularem e inspirarem a investigação acadêmica, nesse caso não se concretizou qualquer busca. O Banco Interamericano de

Desenvolvimento (BID) é uma das quatro únicas organizações dos Estados Unidos – ao menos de meu conhecimento – que deram atenção ao aniversário mencionado. Uma delas é a Biblioteca do Congresso; a segunda é uma sociedade de acadêmicos; a terceira se dedica a propagar a ideia de que a América foi descoberta pelos templários; e a quarta é o Centro Cultural do BID. Curiosamente, o resto do país esteve obcecado por outros centenários também comemorados em 2007: um deles, claro, é o bicentenário da abolição do comércio escravista por parte da Grã-Bretanha, e o outro, o quarto centenário da fundação de Jamestown, Virginia.

Devo confessar – e peço desculpas por isso – que nenhum desses eventos me parece particularmente digno de comemoração. Ademais, isso quereria dizer que a abolição do comércio escravista pelos britânicos constituiu um grande e nobre empreendimento que merece nosso aplauso. No entanto, a Dinamarca já o havia realizado antes, e foi notório que a abolição pelos dinamarqueses não tenha sido celebrada nem sequer muito difundida fora daquele país. Mais ainda: quando a Grã-Bretanha finalmente se propôs a abolir o comércio de escravos, o resultado foi desastroso. O efeito inicial não foi outro senão tornar mais rentável e, portanto, mais intenso aquele comércio. A abolição implicou o desaparecimento de comerciantes escravistas, os quais não tinham notícia de que estivessem envolvidos numa atividade que o mundo havia começado a ver com maus olhos.

Já a comemoração de Jamestown, reconheço que em verdade me irrita. Graças ao fato de o BID ser uma organização genuinamente continental, que une todos os americanos, posso me referir a uma anedota que em outras circunstâncias teria resultado talvez ingrato. Na universidade em que trabalho – Boston, Massachusetts – abriu-se no passado uma vaga para historiador do período colonial do atual território dos Estados Unidos. Como era de se esperar, entre os candidatos estavam alguns dos jovens mais promissores do mundo acadêmico. A todos eles fiz a mesma pergunta: "Você é historiador do período colonial dos Estados Unidos, então me diga, em que parte do território atual dos Estados Unidos da América se produziu o primeiro assentamento permanente de colonos europeus?". Evidentemente, aqueles que estão relativamente bem informados sabem que a resposta correta é Porto Rico, colonizada em 1509. Em 1567 foi fundada Saint Agustine (Flórida), e em 1598 teve início a colonização do Novo México. Depois, em 1607, posteriormente a todos esses acontecimentos, Jamestown foi fundada.

Creio que as origens dos Estados Unidos são, em grande medida, hispânicas. A mim causa certo incomodo saber que o destacado historiador Edmund Morgan tenha afirmado, num artigo no The New York Review of Books, que Jamestown foi o primeiro assentamento permanente do atual território americano. A meu ver, o mito das origens exclusivamente inglesa deste país – o qual postula que a cultura essencial dos Estados Unidos está enraizada na tradição branca, anglo-saxônica, protestante, e que esta nação se desenvolveu seguindo um processo que atravessou o continente de leste a oeste – se desmoronou há cem anos com a obra de H. E. Bolton. No entanto, esse mito ainda perdura tenazmente na tradição histórica dos Estados

Unidos, goza de boa saúde entre os jovens do país e, aparentemente, não pode ser erradicado dos programas no marco dos quais os jovens recebem sua formação. De todo modo, não é minha intenção desmerecer a comemoração de outros sucessos históricos, mas me referir a um acontecimento que me parece muito mais chamativo e curioso e, também, mais digno de celebração.

Armesto expõe as razões que levaram ao desinteresse pela data

As razões do desinteresse

Há duas razões pelas quais não se presta atenção ao aniversário de batismo americano. A primeira delas se assenta, suponho, na vergonha que desperta nos Estados Unidos o nome "América". Bem, todos nós nos envergonhamos de nossos nomes e, por outro lado, os processos denominativos frequentemente sofrem de mau funcionamento, como o prova, num excelente exemplo disso, livro publicado em 1507, ano em que a América começou a ser assim chamada. O livro inclui a primeira versão italiana de uma descrição feita por Vespúcio do que ele havia denominado Mundus Novus, ou Novo Mundo, ou Novo Mondo, como diz aqui [figura 1]. *Porém, note-se que o editor menciona errado o nome do autor: Alberico Vesputio. É de se supor que Vespúcio teve de habituar-se a esse tipo de incidente. Porém, o que mais chama atenção é que, naquele preciso momento em que o mundo começava a denominar esse continente com o nome de Américo, o editor de uma das obras fundamentais relacionadas ao tema tenha se equivocado ao transcrevê-lo.*

Nossa vergonha pelo nome que levamos pode chegar a ser visceral. Muitos filhos se lamentam pelo nome que seus pais lhes deram no batismo porque desejariam ter um mais raro, mais exótico, mais romântico. Esse tipo de incômodo pela inadequação do nosso nome é uma experiência muito comum. Creio que se deva em parte por não podermos atribuir a ideia, obviamente errônea, de que os nomes deveriam ser descritivos, expressar como somos e quem somos. No entanto, sabemos que os nomes não são descritivos, senão meramente designativos. Do contrário, uma mulher negra não poderia chamar-se Bianca, nem um homem alto e loiro poderia se chamar Nigel (que significa "pequeno e escuro"), tampouco uma pessoa feia poderia chamar-se Linda ou Bela. Meu nome, Felipe, significa "amante dos cavalos" – não tenho nada contra os cavalos, porém, devo confessar que, a cada tentativa de montar em um deles, ficava claro que esses animais me detestavam. Desse ponto de vista intelectual, podemos entender que os nomes não fazem mais do que designar, porém, ainda assim, queremos que nos descrevam: queremos que tenham as conotações adequadas. Quanto às conotações, hoje em dia América passou a ser um dos piores nomes que se poderia dar a um continente, ou a um país em particular. Em primeiro lugar, este [Estados Unidos] é o único país do continente que se autodenomina "América". Não há dúvida de que o fato de arrogar-se o nome de todo o continente é o suficiente para causar todo tipo de vergonha, além de despertar ressentimentos vários entre outras comunidades do Novo Mundo. Em segundo lugar, o nome está impregnado de aspectos imperiais, que foram impostos ao continente a partir do exterior, e Américo Vespúcio é um homônimo ainda mais vergonhoso, que alguns têm como herói, mas que para muitos foi um vilão, um homem acusado de charlatão e farsante, um cuco que botou seu ovo na legítima glória de Colombo.

Armesto fala em diferentes fontes que registraram Vespúcio e as consequências que isso pode gerar a um estudo histórico

O problema das fontes

Chegamos, assim, à segunda razão pela qual se desdenha este quinto centenário: sabemos muito pouco sobre Américo Vespúcio. Tratando-se de alguém cuja importância levou a que um vasto continente e a única superpotência mundial ganhassem seu nome, é assombroso que os historiadores saibam tão pouco acerca dele. Até agora se evita escrever sobre Vespúcio pelo motivo que mais teme um historiador: o problema das fontes.

Tradicionalmente, foram usados dois tipos de fontes para estudar Vespúcio. Na primeira delas, se conservam umas poucas de suas cartas manuscritas. As que se relacionam com suas travessias são cópias contemporâneas, sendo que nenhuma delas é de seu próprio punho e letra. Na chamada "carta Vaglienti"[40] [figura 2], *Vespúcio descreve um encontro que teve frente à costa africana durante uma das travessias, realizada no ano de 1500. Nesse caso, podemos confiar plenamente na autenticidade desses escritos: já a provou Alberto Magnaghi, na década*

40. Pietro Vaglienti, que colecionava notícias de descobertas comercialmente exploráveis para uma das casas mercantes de Florença, coletou material relacionado a Vespúcio no período de dois a três anos após a morte do explorador, como mostra a cópia da carta escrita por Américo ao deixar as ilhas de Cabo Verde e retornar do Brasil, em junho de 1501. (Nota do autor para a edição espanhola.)

de 1920, e não há argumentos racionais que permitam questionar a veracidade de seus descobrimentos.

Em segundo lugar, contamos com as fontes impressas atribuídas a Vespúcio durante sua vida. Uma delas é a famosa Mundus Novus, obra à qual se atribui o fato de que esta parte do planeta havia recebido o nome "Novo Mundo" (embora Vespúcio tenha popularizado o nome, é provável que o tenha tomado de Cristóvão Colombo, que já o havia usado antes de maneira similar). A outra se conhece como "carta de Soderini"[41]*, que também ilustra a extraordinária interdependência das trajetórias de Vespúcio e Colombo. O desenho deste trabalho foi copiado, em realidade, de uma das edições anteriores do informe de Colombo sobre seus próprios descobrimentos, e o título se inspira em outra obra de Colombo* [figura 3].

Um dos problemas que obscureceram o desenvolvimento da historiografia sobre Vespúcio estava no fato de que ninguém tinha sido capaz de estabelecer certo consenso quanto ao caráter genuíno dessas cartas ou de alguns de seus fragmentos. Em meu livro sobre o tema afirmo ter resolvido o problema mediante um recurso que considero muito simples: voltar aos manuscritos. Não há material suficiente para levar a cabo uma análise estatística completa do imaginário que aparece ali, porém o que existe é suficiente para identificar o que denominei "tiques"

41. Américo Vespúcio, "Lettera delle isole nuevamente trovate in quatro suoi viaggi (Firenze, G. Stefano di Carlo da Pavia per B. Pacini, 1505-1506)". Firenze Biblioteca Nazionale Centrale, Banco Rari 192, portada. A impressão que reproduz a carta de Soderini recebeu o título e a gravação de uma edição de 1493 do primeiro informe impresso de Colombo. (Nota do autor para a edição espanhola.)

intelectuais de Vespúcio, as obsessões que o afligiam, os autores que citava, os materiais que vez ou outra abordava. Para dar alguns exemplos, creio que, se o texto não transborda em uma retórica egocêntrica, não é de Vespúcio; se não abunda em pomposas asserções sobre a superioridade da navegação astronômica em relação à prática, não é de Vespúcio; se nele não aparecem referências a Petrarca ou a Dante, não é de Vespúcio. Então, se tomamos como parâmetro as cartas cuja autenticidade está fora de discussão e a cotejarmos com as fontes controvertidas, creio que podemos determinar com absoluta certeza quais são as obras genuínas de Vespúcio e detectar, com razoável acerto, quais são as falsas.

Recorri, assim, ao conteúdo de documentos que foram ignorados ou descartados pelos acadêmicos que se ocuparam previamente do tema. O primeiro deles é uma série de cartas que Vespúcio recebeu quando era um jovem habitante de Florença. Trata-se de um material conhecido há mais de duzentos anos e impresso há mais de um século. No entanto, os historiadores não utilizaram esse material com a liberdade que – em minha opinião – merece e exige, talvez porque nos revele um Vespúcio desagradável, envolvido na escabrosa marginalidade florentina de sua época: o homem que aparece ali convivia com criminosos e pessoas do bas-fond.

A segunda fonte a que recorri é um caderno de exercícios compilado pelo jovem Américo sob a orientação de seu tio, que era também seu tutor. Uma vez mais, ainda que esse material seja conhecido há muito tempo, sempre se conservou simplesmente como manuscrito. Todos os anteriores biógrafos de Vespúcio sempre menosprezaram tais manuscritos por considerarem inúteis, alegando que, se não são mais do que exercícios formais, nada poderiam falar dele como homem. Com efeito, esse texto nem sequer aparece na compilação de fontes sobre Vespúcio – magistral – publicada por Ilaria Caraci, uma das principais historiadoras do tema. No entanto, o caderno diz muito de Vespúcio, posto que revela basicamente detalhes da sua educação. Revela, por exemplo, a religião em que o menino foi educado, o que resulta surpreendente: trata-se de uma forma avançada de pietismo medieval, uma espécie de religião mendicante que colocava em primeiro plano a graça de Deus e dava às obras um valor nulo. Seus princípios teriam sido talvez aprovados por Savonarola, o que não seria assombroso, posto que o tutor de Américo se tornou mais tarde um de seus sequazes. É possível, inclusive, que Lutero os teria aprovado, embora pareça interessante destacar que Vespúcio não parece ter se impressionado muito com eles. Um dos aspectos mais extraordinários de seus escritos é que quase nunca menciona Deus, salvo por expressões convencionais. Em minha opinião, Américo Vespúcio foi um homem de radical secularidade.

Assim, o caderno de exercícios faz diversas alusões sobre a religião do personagem de que nos ocupamos. Diz muito sobre sua família, sobre a relação com seu pai e seus irmãos. Um historiador de orientação psicológica encontraria ali um material irresistível sobre a inveja que Américo sentia por seu irmão mais velho. Sobretudo, essa fonte revela os valores com os quais foi educado. Nela aparecem contínuas referências às ordens de seu pai, que o incitava a alcançar a honra e a fama, as grandes virtudes renascentistas. Nos demais escritos que Vespúcio produziu ao longo de toda sua vida, as referências a honra e fama são elementos recorrentes. Num certo sentido, a vida de Américo Vespúcio consistiu numa busca infrutífera de fama e honra. Por exemplo, um dos exercícios incluídos nesse caderno faz alusão aos florentinos que haviam abandonado sua cidade para sair ao mundo em busca de aventuras, e diz mais ou menos o seguinte: "Não sabemos o que aconteceu com eles, mas podemos ter a certeza de que andam por algum lugar buscando fama e honra". Não é necessária muita imaginação para perceber como ressoava a lembrança de tal exercício na mente de Américo adulto quando com ele aconteceu o mesmo que aqueles florentinos – aventurar-se pelo mundo – com idêntico objetivo.

Armesto carrega nas letras e aventa até a possibilidade de Vespúcio ser um impostor

O artista da transformação

Agora vejamos, quando reúno todas as fontes mencionadas, obtenho de Vespúcio a imagem do que hoje chamaríamos um "artista da transformação": alguém que experimenta uma extraordinária série de reinvenções, cada uma delas representando uma fuga ao fracasso. Minha esposa é extremamente meticulosa com as leituras. (Sei por que penso tanto nela nesta manhã: suponho que a prolongada série de conferências que estou fazendo faça com que ela estranhe muito.) Se a primeira frase de um livro não a impressiona, o livro está descartado. É por essa razão que passo muito tempo a pensar as primeiras frases, com a vã esperança de que ela aprove meus livros – e a frase com que começo meu trabalho sobre Vespúcio me orgulha por demais. Diz assim: "Américo Vespúcio, que deu seu nome à América, foi proxeneta em sua juventude e mago em sua maturidade". Esta extraordinária trajetória de vida – esta camaleônica história de autoadaptação – me parece digna de ser narrada e investigada. Com efeito, ela nada mais faz que agregar novos aspectos surpreendentes ao fato de que o hemisfério tenha recebido o nome de tal personagem.

Levaria, sem dúvida, muito tempo a enumerar todas as peripécias protagonizadas por Vespúcio, de modo que me limitarei apenas às três mais assombrosas de suas transformações. Para entender as primeiras, é preciso regressar ao mundo emulativo e imponente que caracterizou a Florença do final do século XV, onde a família de Vespúcio era cliente dos Médici.

Na época do avô de Lourenço, o Magnífico, os Vespúcio ascenderam e alcançaram o mais alto grau de cidadania graças ao patrocínio dos Médici.

Não se tratava de uma família demasiadamente abastada. Pelo menos o ramo de que descendia Américo não era particularmente rico, porém obteve relevância social pela proximidade da dinastia líder em Florença. O jovem Américo parecia destinado a uma carreira a serviço do próprio Lourenço, o Magnífico. Assim, surgiu para ele uma grande oportunidade em 1478, pouco depois da conspiração dos Pazzi – a profunda crise que tantas mudanças provocou em Florença –, quando se somou à missão diplomática que seu tio iniciaria na França.

Naquele momento, que parecia triunfal, as coisas começaram a andar mal para Américo: os resultados da relação diplomática foram desastrosos. Esse fato não aparece nos relatos convencionais sobre o tema, porém, estou seguro de que os florentinos tacharam a embaixada de deplorável fracasso porque, apesar das belas palavras do rei da França, não se obteve qualquer ajuda concreta para a guerra em que se havia envolvido a cidade. As obras anteriores sobre Américo Vespúcio conjecturam que ele deve ter cumprido uma função de enorme importância na missão diplomática, e talvez tenha sido o secretário de seu tio. Porém, na minha pesquisa no Archivio di Stato não surgiu uma só referência a Américo nos documentos gerados pela embaixada. Ao que parece, o jovem apenas se somou à viagem e viveu como uma espécie de flâneur na Paris de Luis XI, para logo retornar a sua terra sem nada que lhe desse crédito.

Há categóricas evidências de que Américo ainda se mantinha na casa de Lourenço, o Magnífico, até 1480, porém, em algum momento daquela época, provavelmente muito no começo da década, o Magnífico retirou o patrocínio à família Vespúcio. Esse fato culminou uma série de decepções experimentadas por Lourenço em relação a alguns membros do clã, aos quais considerava como inúteis ou indignos de confiança. Não sabemos exatamente qual foi o fato que levou à ruptura, porque a única evidência direta é de um comentário que consta em carta de Lorenzo di Pierfrancesco de Médici, segundo o qual o tio de Vespúcio foi visto queixando-se e lamentando-se por ter perdido os favores de Lourenço, o Magnífico.

Desde então, a família transferiu sua lealdade para outro ramo dos Médici – a família de Lorenzo di Pierfrancesco, que havia se envolvido num círculo de ódio e rivalidade com o Magnífico. Uma vez mais os biógrafos tendem a acreditar que Américo deve ter desempenhado algum papel de importância na casa de Lorenzo di Pierfrancesco. Porém, apesar de uma única ocasião em que comprou grandes quantidades de vinho para a família – o que não permite inferir que tivesse um emprego mais significativo do que o de mordomo –, não há evidências de que tenha ocupado um posto permanente. Pelo que parece, andava pelo palácio e comia ali, porém nada mais que isso.

A grande evidência originada pelas cartas que recebeu durante esse período de sua vida mostra que Américo trabalhava por conta própria: homem de muitos predicados, era – como gosto de chamá-lo – um fígaro de Florença que se torna uma espécie de factotum della città. Quem tivesse um assunto e necessitasse de solução, especialmente se se tratava de algo equívoco, suspeito ou obscuro, recorria a Américo. Por exemplo, numa oportunidade Vespúcio foi chantageado por um guarda da cadeia. Não se sabe qual foi o motivo, porém, ninguém que esteja empenhado na busca pela honra e fama teria estabelecido uma relação desse tipo. Também o encontramos exercendo o proxenetismo. Conservaram-se algumas cartas que são evidentes comunicações de clientes que solicitavam os serviços de Vespúcio, que desempenhava, no mínimo, o papel de procurador ou intermediário de relações com mulheres que eram, sem dúvida, meretrizes. Entretanto, seu ofício principal era o de comprador e vendedor de joias por comissão, especialmente de pérolas. Assim ganhava seu sustento, até que surge a primeira grande transformação, por volta de 1490. Foi quando Lorenzo di Pierfrancesco o encarregou de investigar um potencial novo sócio de negócios residente em Sevilha, o banqueiro florentino Gianetto Berardi. Vespúcio aproveitou a oportunidade para mudar: talvez pudesse alcançar a fama e a honra numa nova empreitada e uma nova cidade. Decidiu unir sua sorte à de Berardi, se converteu em seu agente e se mudou para Sevilha.

Armesto desconstrói o navegador, item por item, e fala sobre uma busca de honra e fama a qualquer preço

A reinvenção do novo Vespúcio

Era uma época fantástica para estar naquela cidade. Ainda não havia sido descoberto o Novo Mundo, porém Sevilha era rica e florescente, quase uma cidade da bonança. Os jovens italianos respondiam a um antigo conselho de "ir até o oeste" e em Sevilha não faltavam negócios e oportunidades. Colombo era um deles, no preciso momento em que Vespúcio chegava para unir sua sorte à de Berardi, este que se tornara um dos principais financiadores de Colombo. A relação entre Colombo e Berardi possibilitou um contato direto entre Colombo e Vespúcio e, a partir daí, as vidas de ambos os aventureiros ficaram inextricavelmente entrelaçadas. Para a firma à qual Vespúcio se havia unido, o trato com Colombo resultou fatal. Após a euforia pelo êxito inicial do encontro marítimo, os benefícios de seus investimentos durante os primeiros anos foram nulos. Nos anos que se seguiram ao descobrimento do Novo Mundo, Berardi investiu cada vez mais no empreendimento de Colombo. Não obteve qualquer recompensa e morreu na ruína. Deixou um testamento comovente no qual recomendava à sua filha a manutenção do Señor Almirante, como se referia a Colombo, na esperança de que em algum momento a aventura que haviam empreendido juntos rendesse dividendos. Não se sabe o que aconteceu com a filha, porém o homem que ficara para sustentar o sonho dourado era Vespúcio, cujos objetivos de conquistar honra e fama teriam, em todo caso, idêntico resultado: o fracasso.

Foi assim que Vespúcio começou uma nova reinvenção de si mesmo: seguiu o modelo que Colombo havia adotado para ele próprio e se lançou ao mar. Em 1499, quando os reis da Espanha abriram o Atlântico a uma certa livre concorrência, Vespúcio navegou em companhia de Alonso de Ojeda, um ex-tripulante de Colombo, até a costa da atual Venezuela. Esse acontecimento sempre constituiu um enigma para os historiadores. Como ocorreu? Como Vespúcio realizou essa viagem? Com que capacidade? Embora se apresentasse como capitão e piloto, parece inconcebível que fosse alguma dessas duas coisas. A única travessia que havia realizado até aquele momento de sua vida havia sido a que o levou de Florença a Barcelona quando a caminho de Sevilha. Não tinha experiência alguma com o mar, e os relatos que deixou são uma clara evidência de que seus conhecimentos de navegação mal superavam os de qualquer "marinheiro de água doce". Vespúcio sabia muito pouco de navegação, porém, muito de pérolas. Colombo havia descoberto os bancos de pérolas de Margarita em sua viagem de 1498, e cabe pensar que o propósito da viagem que Ojeda e Vespúcio empreenderam não foi outro que não avançar nesse descobrimento e obter pérolas. A leitura do relato deste último quase não deixa dúvida sobre qual o verdadeiro motivo que o levou a se envolver na travessia. Nesse texto, Vespúcio se refere ao imenso tesouro de pérolas que a expedição recolheu para a rainha; e disse que separou para ele uma quantidade no valor de mil ducados.

Embora Américo persistisse em sua desesperada busca por uma carreira diferente, sua intenção de retornar ao trabalho de mercador especializado em produtos do Novo Mundo fracassou por completo. Então se lançou num caminho diferente: adotou o ofício de cosmógrafo, com intenções de criar uma demanda para seus serviços como conhecedor dos mares e de geografia. Na figura 4 vemos uma resplandecente encarnação da imagem que apresentou: Não se vê quase como um Cristo no jardim de Getsêmani? Todos os demais haviam se rendido ao sonho, porém ali estava Américo Vespúcio em comunhão com o céu. Note-se a maneira com que manipula as últimas tecnologias: o astrolábio, o quadrante, todos os instrumentos de cosmografia. Era uma completa falsidade, puro engodo. Vespúcio utilizava esses equipamentos da mesma maneira que um ilusionista usa sua varinha mágica. Os detalhes de seu relato, que se contradizem entre eles mesmos e estão eivados de disparates e absurdos, são uma evidência inquestionável de que não conhecia seu ofício. É verdade que havia adquirido certo saber sobre os corpos celestes porque seu tio, como muitos outros membros da Academia Florentina nos tempos de Lourenço, o Magnífico, havia se dedicado à astrologia. Se visitamos a paróquia da família Vespúcio hoje em dia, ainda podemos ver o retrato que o tio de Américo encomendou a Domenico Ghirlandaio. Ali, junto à parede sobre sua cabeça, está seu próprio astrolábio.

No entanto, uma coisa é ter conhecimento teórico de tais instrumentos, outra muito diferente é usá-los para navegar em mar aberto, como Vespúcio dizia fazer. Por exemplo, afirmava que podia ler a longitude observando as distâncias lunares. Ve-

jamos: tal leitura só é possível se se conta com uma plataforma estável e com telescópios perfeitamente calibrados (porém os telescópios não foram inventados senão cem anos depois de Vespúcio), ou se utilizam dispositivos de cronometria de altíssima precisão (e não é necessário dizer que nada disso havia naquela época). Portanto, é literalmente impossível que Américo tenha podido determinar a longitude mediante esse método. A única leitura de longitude que realizou, com uma imprecisão ao que parece absoluta, era suspeitosamente similar à que havia obtido Colombo quando calculava um eclipse. Quanto às suas leituras de latitude, não eram muito melhores: como quase em todos os casos, Vespúcio copiava os métodos de Colombo quando calculava um eclipse. Usava uma ampulheta para calcular o progresso das estrelas companheiras da Estrela Polar, restando em 24 o número de horas noturnas, e consultava as tabelas impressas que enumeravam latitudes segundo as horas diurnas. Em consequência, Vespúcio não era, em realidade, um grande cosmógrafo, porém conseguia convencer as pessoas de que era, e este é um dos grandes mistérios de sua carreira.

Em particular, Vespúcio persuadiu dois indivíduos de decisiva importância humanista de Saint-Dié em Lorena: Matthias Ringmann e Martin Waldseemüller. Ambos souberam dele em 1505, quando leram Mundus Novus, e o saudaram como o novo, como o excepcional cosmógrafo da época, ao lado do principal cosmógrafo da Antiguidade. No Renascentismo não havia honra maior do que ser considerado um par dos antigos. Ringmann e Waldseemüller publicaram um mapa para acompanhar a obra na qual batizaram a América, e ali apresentaram Vespúcio observando o mundo a partir de um pedestal privilegiado, ao lado do próprio Ptolomeu[42]*. Por qual motivo ocorreu algo assim? Por que estes acadêmicos adotaram Vespúcio com tal prontidão?*

Devemos ter em conta que Saint-Dié se esforçava por engrandecer-se, da mesma maneira que as pequenas universidades de nossos dias procuram ascender ao ranking do US News and World Reports. Saint-Dié era um lugar desprezado por outros acadêmicos: Picco Della Mirandola se manifestou surpreso com que esta universidade tivesse acadêmicos, "dada sua reputação de abrigar tecelões e pedreiros". Porém, em Saint-Dié havia uma prensa e o pequeno grupo de eruditos que se reunia ao seu redor havia concebido o ambicioso projeto de atrair a admiração do mundo publicando uma nova edição da grande obra cosmográfica da Antiguidade: a geografia de Ptolomeu. O mercado era competitivo e havia muitos outros textos relacionados com esse campo científico, portanto, era necessário que o produto fosse especial. Vespúcio parecia apto para isso, não somente por suas pretensões de ter revelado o Novo Mundo ao Velho Mundo, como também por sua propalada capacidade de ler a latitude e a longitude: os dados que Ptolomeu havia considerado fundamentais para confeccionar um mapa de toda a órbita [figura 5].

Graças à originalidade e destreza cartográfica de Waldseemüller, o nome da América se difundiu por todo o âmbito

42. O mapa-múndi elaborado em 1507 pelos cartógrafos de Saint-Dié apresenta uma imagem de Vespúcio na parte superior, numa postura equivalente à de Ptolomeu, um dos mais destacados geógrafos da Antiguidade. A imagem mostra uma massa continental contínua – que contrasta com o mapa principal – onde o Novo Mundo está interrompido por um estreito que leva à Ásia. (Nota do autor para a edição espanhola.)

acadêmico. As inovações mais radicais de Waldseemüller eram os mapas de papel: uma versão pequena, desenhada para colar num globo terrestre – o primeiro globo terrestre impresso –, além de uma versão de grandes dimensões, destinada a cobrir a parede de um estúdio. Com o tempo, Waldseemüller percebeu que havia cometido um erro, porque no grande projeto cartográfico seguinte, alguns anos mais tarde (em 1513), retirou o nome de América e colocou uma anotação onde atribuía o descobrimento do Novo Mundo a Cristóvão Colombo. Porém, era demasiado tarde: o nome América já havia alcançado uma celebridade irreversível.

A obra e o nome de Vespúcio se popularizaram até fora dos círculos acadêmicos, pela mesma razão que normalmente se lê a imprensa marrom: o atrativo do sensacionalismo. Os escritos que apareciam assinados por eles estavam repletos de detalhes sensacionalistas. Para dar um exemplo, pode-se observar que o primeiro mapa com que se verificou a influência de que gozavam os textos de Vespúcio apresentava o canibalismo que o aventureiro havia descrito, mas que seria atenuado na edição seguinte. Alguns de seus relatos sensacionalistas eram de conotação sexual, porém em sua maior parte se referiam ao canibalismo. Numa gravura muito conhecida de 1505, o autor não faz referência específica aos escritos de Vespúcio, porém, sua obra apresenta claramente os canibais como ele os descrevia. Com o passar do tempo, o sensacionalismo das gravações – que refletem para nós as reações dos leitores – foi se agudizando cada vez mais. Numa gravura de 1525 se veem os canibais transformados em monstros com cabeça de cão massacrando literalmente suas vítimas. Assim, uma espécie de roubo cosmográfico fez efeito num público acadêmico excepcionalmente receptivo. A tal ponto que o sensacionalismo seduziu, mediante o engano, um público mais pleno e o levou a respaldar a eleição do nome de Américo para designar as novas terras.

A última transformação de Vespúcio foi póstuma. Sua figura nunca deixou de ser polêmica porque muitos admiradores de Colombo sentiam que a atribuição do nome daquele ao Novo Mundo representava uma injustiça para com o verdadeiro descobridor. Em consequência, Américo Vespúcio passou a ser herói para uma parte e vilão para outra – mas essa circunstância não surpreende, porque o heroísmo e a vilania normalmente se fazem sombra, e o herói de um é vilão do outro. Bem podíamos dar aqui uma conclusão à história: depois de todas estas reinvenções mercuriais, a imagem póstuma de Vespúcio ficou num estado adequadamente irresoluto que talvez dure para sempre.

Armesto conclui sua análise, contudo, entendendo que América é um nome fantástico

Um nome que se justifica por si mesmo

Não obstante, quero estender-me um pouco mais lembrando outras duas conclusões, com o objetivo de evitar que haja quem pense que América não é um nome muito conveniente para este continente. Hoje em dia muitas corporações (e até mesmo alguns países) mudam de nome buscando melhorar sua imagem. Se assessores de imagem corporativa se ocupassem dos Estados Unidos, diriam: "É preciso mudar o nome." "Estados Unidos da América" – apesar de todas as decepções com que alguém tropeça quando segue as pegadas de suas origens remontando a Vespúcio – não está correto, desperta sensações pouco apropriadas. Haveria que buscar um nome politicamente correto, como "Estados Unidos da Ilha Tortuga". No entanto, não posso deixar de admitir que, apesar de todos os problemas dessa denominação, apesar de todas as suas conotações negativas, apesar da impropriedade moral de Vespúcio para alcançar tal dignidade, América é, na verdade, um nome fantástico.

Digam o que disserem, Vespúcio é para mim uma figura representativa dos processos que levaram ao descobrimento da América por parte da Europa. Assim como Colombo, era um italiano aventureiro que buscava fortuna na Península Ibérica, e desta forma contribuiu para que Espanha e Portugal funcionassem como trampolim para a investigação do Atlântico. A história do avanço para o Ocidente empreendida pelos europeus da Idade Média tardia demonstra que as iniciativas eram sempre provenientes do coração do Mediterrâneo. Geração após geração, a partir do século XIII os italianos (e alguns maiorquinos) proporcionaram a Espanha e Portugal o espírito de aventura, o savoir-faire técnico e as finanças que impulsionaram o empreendimento do Atlântico. Sem dúvida, sabemos muito pouco sobre os pioneiros italianos anteriores a Colombo e Vespúcio. E temos que nos deter no exemplo desses aventureiros se queremos conhecer os motivos que levaram tanta gente a abandonar a próspera Itália pela empobrecida Ibéria, para arriscar sua vida num oceano inexplorado e tormentoso. Aqui devo apontar um padrão que se ajusta à trajetória de vida de Vespúcio: uma história de ambição social e fuga do fracasso. Vespúcio saiu em busca de honra e fama, e o mesmo, acredito, haviam feito seus antecessores.

O segundo motivo que me inclina em favor do nome em questão é que esse artista das transformações – este reinventor de si mesmo que tratei de descreve aqui – previu com grande avanço uma história típica da América moderna, ou pelo menos dos Estados Unidos: uma história da vida neste país que se tornou a terra da autorreinvenção, da transformação, da reabilitação de celebridades, das carreiras adaptáveis e das vidas flexíveis. Um país governado por um presidente[43] *que se vê como a projeção de uma imagem fictícia de si mesmo leva o*

43. Armesto se refere aqui a G. W. Bush. (Nota do editor espanhol.)

nome correto se se chama como o maior inventor de si mesmo de todos os tempos. De um modo muito curioso, o homem que deu seu nome à América se tornou um modelo para a América, ou ao menos para essa parte desse continente que adotou seu nome.

Paeſi nouamente retrouati. & Nouo Mõdo da Alberico Veſpu tio Florentino intitulato.

Figura 1. Edição italiana da tradução do *Novus Mundus*, 1507, com o nome *Alberico Vesputio* na folha de rosto.

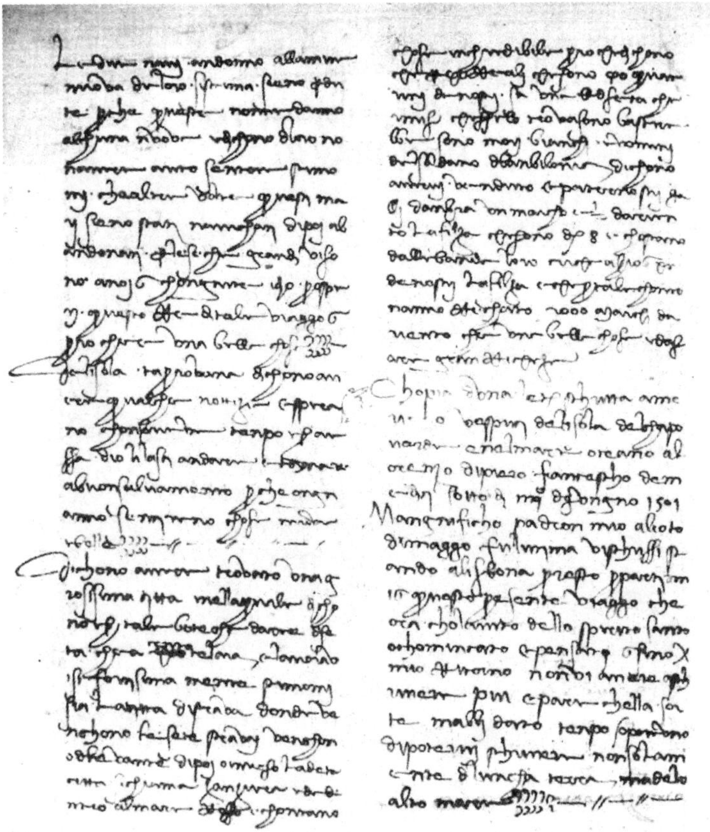

Figura 2. Pietro Vaglienti, que colecionava notícias de descobrimentos comercialmente exploráveis para uma das casas mercantis de Florença, copiou material relacionado a Vespúcio no período de dois a três anos que se seguiram à morte do explorador, como esta cópia da carta escrita por Américo ao deixar as Ilhas de Cabo Verde em seu regresso do Brasil em junho de 1501.

Figura 3. A prensa que reproduziu a *Carta a Soderini* reciclou o título e a imagem da folha de rosto de uma edição de 1493 do primeiro informe impresso de Colombo.

Figura 4. A imagem mais influente de Vespúcio no século XVI é a de um mago, equipado com instrumentos cosmográficos com o olhar nos céus como Cristo, enquanto sua tripulação dorme tranquilamente igual aos discípulos em Getsêmani.

Figura 5. O mapa-múndi elaborado em 1507 pelos cartógrafos de Saint-Dié apresenta uma imagem de Vespúcio na parte superior numa postura equivalente à de Ptolomeu, um dos mais destacados geógrafos da antiguidade. A imagem sob Vespúcio mostra uma massa continental contínua – que contrasta com o mapa principal – na qual o Novo Mundo é interrompido por um estreito que leva à Ásia.

TERRA

Este livro foi composto em Janson Text LT Std 11,5 pt e
impresso em papel Pólen 90 g/m² pela gráfica Viena.